京师传播文丛

京师传播文丛

新青年的网络生活与消费形态
——"Z世代"与新营销研究报告

喻国明 李彪 杨雅 著

中国国际广播出版社

图书在版编目（CIP）数据

新青年的网络生活与消费形态："Z世代"与新营销研究报告 / 喻国明，李彪，杨雅著. —北京：中国国际广播出版社，2023.7
ISBN 978-7-5078-5376-6

Ⅰ. ①新… Ⅱ. ①喻… ②李… ③杨… Ⅲ. ①网络营销 Ⅳ. ①F713.365.2

中国国家版本馆CIP数据核字（2023）第138354号

新青年的网络生活与消费形态——"Z世代"与新营销研究报告

著　　者	喻国明　李彪　杨雅
责任编辑	王立华
校　　对	张娜
版式设计	陈学兰
封面设计	赵冰波

出版发行	中国国际广播出版社有限公司 [010-89508207（传真）]
社　　址	北京市丰台区榴乡路88号石榴中心2号楼1701
	邮编：100079
印　　刷	北京汇瑞嘉合文化发展有限公司

开　　本	710×1000　1/16
字　　数	180千字
印　　张	13.25
版　　次	2023年11月 北京第一版
印　　次	2023年11月 第一次印刷
定　　价	68.00元

版权所有　盗版必究

京师传播文丛
编委会名单

编委会主任：

喻国明　方增泉　张洪忠

编委会成员（按姓氏拼音排序）：

丁汉青　李　韬　秦艳华　万安伦　吴　晔　周　敏

总　序

把握数字革命基础上的传播变革是一项亟待破解的时代命题

喻国明

习近平总书记在主持中共中央政治局第十二次集体学习时强调："全媒体不断发展，出现了全程媒体、全息媒体、全员媒体、全效媒体，信息无处不在、无所不及、无人不用，导致舆论生态、媒体格局、传播方式发生深刻变化。"智能化革命是一场划时代的跨越，是从工业文明向数字文明的深刻转型，正在带来传播领域的巨大变化。面对数字革命所带来的一系列现象级的改变，如何从总体性上把握技术驱动下社会传播领域的变化趋势、深层逻辑及演化机制，已成为实现传播实践有序发展和不断升级的必答题。

一、数字革命的全面渗透正在引发传播领域的一场革命

社会的智能化是一场革命，事实上，数字革命技术的全面渗透导致的关键变化是对传播网络所链接的全部关系的总体性重构。不同于对某些传播环节及某个传播要素所进行的"小修小补"的改良性技术，数字革命技术的全面渗透将创造一个无限量的巨大信息网络，并将从前无法纳入其中

的更加多维的关系连接纳入人的实践体系的可操控范围中，也即从传统的人与人之间的连接全面走向人与人、人与物、物与物之间的系统连接，创造智能终端之间的超级链接体系。

显然，当一系列新的关系要素实现了对于人类实践的"入场"，便会使社会传播成为一个"开放的复杂巨系统"，并在多重、多维的复杂因素的交织影响下实现"换道行驶"。媒介的迭代与技术的升维从某种意义上看就是持续地为传统社会中相对无权者"赋能""赋权"。数字技术改变了传媒行业因机械复制技术所形成的"一对多""点对面"式的信息垄断格局，瓦解了传统社会信息不对称的大众传播秩序。"人人都是传播者"极大地推动了丰富多彩、纵横交错的不同连接方式的交流与传播的实现，实现了更多的传播模式的涌现："物"成为新的公共信息"承载者"，社会热点的表达凸显出"后真相"、非理性等特点，关系认同、情感共振成为社会沟通与社会共识建立的关键，而平台级媒体及作为其运行内在引擎的智能算法则成为信息传播的关键性中介。

可见，未来的数字化治理必须超越仅着眼于传播领域中某个要素、某些环节的改变，而就事论事地制定某类传播主体发展路径或治理对策的传统视角的局限，应依据复杂性理论的范式、因循生态学理论、演化博弈理论以及社会网络学习理论等路径，针对我国传播领域的发展现状和未来趋势构建起一整套符合未来传播实践的传播生态治理的系统模型，从多元行为的关系连接与交互维度上去把握传播生态系统的发展演化过程，并基于此引导新时代社会信息传播系统实现健康有序和可持续的发展。

二、数字革命技术促成传播生态的全面重构

上述对于传播环境根本性变革的分析告诉我们，在数字革命技术的强大作用下，媒介产业的变革方向和媒介融合的发展路径已经成为现阶段传

播领域的重中之重。总的来看，迄今为止主流媒介的传播实践呈现出较为显著的"传播者中心"的立场。然而，新时代传播领域的基本现实是：在"个人"为社会运作基本单位的微粒化社会中，多层成分、多元主体已经成为构造传播场域的基本力量，受传者已经不再是我们所熟悉的"大众"，而是基于"圈层化"存在的一个个有血有肉、有个性、有情绪、有特定"趣缘"彼此支持下的人；"摆事实讲道理"式的大众传播逻辑在这里遇到了关系连接与圈层"茧房"的强大阻击，传播的触达、认知与认同机制发生了重大改变。媒介融合进程中如何实现新传播环境下的全程媒体、全息媒体、全员媒体、全效媒体的目标，达到主流资讯无处不在、无所不及、无人不用的境界，必须有一个生态级意义上的"羽化成蝶"的深刻改变。

首先，从传播内容的供给侧来考察，短视频和直播在人类历史上第一次把社会性传播的门槛降到如此之低，让每一位用户都可以发出自己的声音。而5G对于视频的加持则强化和扩大了这种"泛众化传播"的社会影响的宽度与深度。并且，数字革命时代的无人机普及，各种环境中摄像头、传感器无所不在，都进一步超越了传统媒体的时空局限与感官局限进行丰富多彩、立体多维的信息采集，而其中的某些具有社会价值的信息则可能经智能系统自动加工后直接发送给多元用户。概言之，数字技术带来的"泛众化"的传播供给侧，致使多元传播弥漫在人们的各类日常生活的场景中。

其次，就传播形式的丰富和扩张而言，数字革命时代的传播因其传播形式的"全息化"、多样态，信息传播已"渗透"社会生活的方方面面，成为无所不在、无时不有的影响力"在场"。而传播技术的应用会以用户场景为聚焦点而不断创新信息的组织形式、传播模式和内容形态。就传播载体"全程""全息""全员""全效"而言，随着以短视频为代表的视觉传播成为社会传播的主流形态，内容传播者因应当下移动化、碎片化和社交化的传播场景，以主题人物、热点事件和温情故事等为主要题材，通过碎片化的视觉表达和情感共振、关系认同的传播模式广泛应用，使得内容生产与传播形式转型为一系列直击人心的混合情感传播模式。

最后，智能化也使传播渠道发生了全新的变化。面对媒介生产和用户端的赋能赋权，极具多样性和复杂性的信息生态出现了供需危机，内容传播的精准化已成为"互联网发展的下半场"传播转型的重点。智能分发中的算法机制所要解决的终极问题是要把合适的内容传播给适切的用户。依托机器算法且拥有海量用户及强大黏性的平台遽然崛起成为平台型媒体，它承担起连接信息生产者和用户的开放、多元和普适的平台型中介的角色。而伴随着"生产者—平台媒体—用户"模式的确立，执掌信息选择权的重心正在从传统主流媒体过渡到平台型媒体。原本处在内容生产传播引领者位置的传统主流媒体正在逐渐弱势化和边缘化，成为影响力有限的专业的新闻和观点的供给者，而平台型媒体则逐渐跃升为新的行业操纵者和传播规则的制定者，实现了向传播权力中心的跃进。

三、数字革命推进面向未来的传播实践的革命性转向

传播技术的智能化发展为现实社会以及虚拟网络空间中的传播机制和传播效应带来了一系列新的挑战，也带来了元宇宙、区块链、物联网、移动互联、XR（扩展现实）、云计算、流媒体视频等技术的新发展，它们正在深刻地改写传播领域以及社会发展深层逻辑。这已经不是一项"弯道超车"的发展模式，而是一项"换道行驶"的全新发展模式。因此，关注智能化技术革命下传播领域内外的革命性改变，全面把握社会传播生态系统与权力格局的变迁态势，系统审视智能技术革命下网络社会空间治理模式和范式转型变革中亟待突破的关键问题和基本应对思路，应该成为新闻传播学实践转向的关键。传播实践已经站在全新的拐点上，面对"换道行驶"

的全新未来。它包括且不限于：

——全社会的"媒介化"。媒介化理论视角认为，媒介可以与其他社会范畴相互建构，作用于人类社会形态的媒介形式，其意义远胜于其内容。这一理论视角强调了媒介逻辑对社会的建构作用，也强调了媒介与社会的相互形塑。人作为居间主体，其实践具有能动性，因此，可以通过宏观和中观型态与实践的分析对媒介化进行解构，探究行动场域中不同社会角色之间社会交往和关系的变动模式，包括个人与组织、个人与媒介、社会与媒介关系的变革，从实践视角分析和把握媒介化能够为我们搭建经验材料分析的实践基础，更好地帮助我们把握媒介化进程中的微观、中观、宏观层级变化。

——"型态"与社会实践的结合。"型态"是指智能新媒介技术催生出的新的社会行动方式和组织起的新的社会交往关系，包括个人与组织、个人与媒介、社会与媒介关系的变革，它将全面助力智能新媒介逻辑对社会实践的形塑。未来的传播实践必须超越传统的媒介实践范式，将媒介与个体借由行动空间串联起来，将社会学相关概念融入媒介化实践的决策视野。以"型态"与社会实践的视角展开探索与创新，以"点—线—面"的实践试点为依据，运用更为贴合的理论工具，以期在未来传播中对媒介化理论与实践及其社会效果的把握有全新的突破。

——媒介与社会变迁的"互构"。在过往的传播实践中，媒介或是被置于社会发展的关键节点——媒介以其自身的"偏向"解构社会形态，或是被理解为承担既定社会功能的一种"工具形式"，这种将"媒介"与"社会"相分离的实践模式忽略了媒介的作用过程，变成单纯强调媒介与社会之间的决定/非决定关联的实践范式。我们认为，借鉴SCOT（技术的社会建构）路径，同时对媒介演进基本逻辑与实现机制做出探索，不仅考虑科技物体本身，而且考虑科技物体的发展过程，摒弃科技决定论，也反省社会决定论，同时观照媒介对社会的影响及社会对媒介的作用，思考媒介与社会之间的相互形塑（mutual shaping）、相互生产（coproduction）的"互构"关系及其实践。

——媒介影响社会结构的"制度化"。"制度化"的行动路线，即将媒介的形式视为一种独立的制度化力量，强调并致力于实现媒介作为社会现实框架的组成要件。制度视角致力于把握特定情形下社会结构如何扮演社会交往的资源，以及社会结构如何通过能动性得以再生产和变化，这也是所谓媒介逻辑的作用规则。媒介逻辑被用来描述媒介所具有的制度的、审美的、技术的独特样式及特质，以及借助正式和非正式规则运作的方式，从而提升媒介有效地影响更为广泛的文化和社会的能力。

正是在这一时代命题之下，作为有"学新媒体到新街口"之美誉的北京师范大学新闻传播学院与中国国际广播出版社签署了"京师传播文丛"（共12本）的出版计划，为回答新时代、新传播的发展命题奉献我们北师新传学人的心力与智慧。首批出版的4本书是：《情绪：网络空间研究的新向度》、《重构传播学：传播研究的新范式、新方法》、《互联网平台未成年人保护发展报告（2022）》、《医患共同体：数字健康传播的图景想象》。相信第二批、第三批著作将更为精彩，让我们翘首以待。

（喻国明，北京师范大学新闻传播学院教授、博士生导师，北京师范大学"传播创新与未来媒体实验平台"主任，中国新闻史学会传媒经济与管理专业委员会理事长）

2022年8月

目 录
CONTENTS

第一部分
"新青年新消费"电商行业报告   001

第一章 "宅人消费时代"来临：后疫情时代的新青年、新消费
　　　 与新机遇   003
　第一节 "宅人消费时代"媒介技术与社会环境的变化   003
　第二节 "新青年新消费"的崛起   004
　第三节 新消费：消费风尚的发展趋势   008
　第四节 新机遇：数据驱动全场景覆盖与消费路径再造   011

第二章 中国电商直播行业报告（2020）   013
　第一节 后疫情时代的数字经济：电商直播行业发展背景   013
　第二节 中国电商直播行业发展现状   019
　第三节 电商企业面临的新媒介环境：企业即媒体   026

第二部分
"新青年新消费"网购消费品类与趋势报告   029

第三章 "新青年新国货"消费趋势报告（2020）   031
　第一节 新消费：线下缓慢恢复，线上消费不减   031
　第二节 新青年：成为市场争夺新生力量   037

  第三节 新国货、新消费、新突围 042

第四章 新传播时代图书消费新势力分析：新青年阅读
    报告（2021） 047
  第一节 研究背景：新传播时代图书消费新势力 047
  第二节 新青年成为图书消费新势力：用户数和消费力双升 049
  第三节 新青年的阅读现状：多元而精彩纷呈 053
  第四节 新青年的阅读特点：新颖、新奇和新潮 056

第五章 新青年时尚消费趋势发展报告（2021） 060
  第一节 新青年成为时尚消费的主力军 061
  第二节 新青年时尚消费现状 063
  第三节 新青年时尚消费特征 067

第三部分
"新青年新消费"网购商家与消费者报告 073

第六章 聚焦新青年商家：2020新青年生长力报告 075
  第一节 新青年商家生长力如何 075
  第二节 新青年商家分布在哪里 078
  第三节 新青年商家主要在网上卖什么 080
  第四节 新青年的兴趣是什么 082

第七章 2020新青年新生活研究报告 086
    ——以"00后"大学生网购行为研究为例
  第一节 "00后"网购新时尚：感性体验优于理性选择 088
  第二节 "壕而不败"：新青年"拼"好货 093
  第三节 "00后"新青年群体未来线上线下消费市场发展趋势 109

第八章 网购信心指数调研报告 112
  第一节 调研背景 112

第二节　调研报告的基本概述　　　　　　　　　　114
第三节　网络购物消费情况的基本结论　　　　　　118
第四节　网购消费信心分析　　　　　　　　　　　141

第四部分 "新青年新消费"电商营销典型案例　　　157

第九章　活动营销案例：B站跨年晚会营销　　　159
第一节　案例摘要　　　　　　　　　　　　　　　159
第二节　案例介绍　　　　　　　　　　　　　　　160
第三节　案例分析　　　　　　　　　　　　　　　162

第十章　网红营销案例：文化类KOL李子柒　　　166
第一节　案例摘要　　　　　　　　　　　　　　　166
第二节　案例介绍　　　　　　　　　　　　　　　167
第三节　案例分析　　　　　　　　　　　　　　　171

第十一章　广告营销案例："元宇宙"虚拟偶像拍广告　　175
第一节　案例摘要　　　　　　　　　　　　　　　175
第二节　案例介绍　　　　　　　　　　　　　　　175
第三节　案例分析　　　　　　　　　　　　　　　177

第十二章　电商品牌营销案例：拼多多的病毒式营销　　182
第一节　案例摘要　　　　　　　　　　　　　　　182
第二节　案例介绍　　　　　　　　　　　　　　　182
第三节　案例分析　　　　　　　　　　　　　　　184

第十三章　场景营销：虚拟现实AR场景"留言墙"　　188
第一节　案例摘要　　　　　　　　　　　　　　　188
第二节　案例介绍　　　　　　　　　　　　　　　188
第三节　案例分析　　　　　　　　　　　　　　　189

第一部分
"新青年新消费"电商行业报告

第一章 "宅人消费时代"来临：后疫情时代的新青年、新消费与新机遇

新媒体社交环境以及互联网媒介工具的应用，使得基于短视频和KOL（Key Opinion Leader，关键意见领袖）的个性化"小微经济"逐渐繁荣。同时，媒介技术与环境的变化也改变着消费者，特别是新代际青年消费者的消费感知和线上消费行为。疫情导致人们的线下消费欲望被压缩，加速了社交电商、直播带货等"云业务"的增长。因此，当下处于"宅人消费时代"，宅人经济、线上云生活呼之欲出。媒介平台可以构建一个意义的空间和一种关于社会的隐喻。借助针对电商消费平台的调研，我们可以打开一个新的观念空间，俯瞰"新青年—新技术—新消费—新机遇"的整体图景。

第一节 "宅人消费时代"媒介技术与社会环境的变化

近年来，我国居民收入持续增长，消费支出势头强劲。根据国家统计局数据，2019年人均可支配收入超过3万元，可支配收入同比增速8.9%，超过GDP同比增速6.1%。2019年，人均消费支出超过2万元，不断强劲的

消费反哺经济增长，消费支出对经济增长贡献率接近57.8%，超过投资和净出口，成为我国经济增长的第一拉动力。同时，线上消费大规模发展，中国互联网络信息中心（CNNIC）发布的第44次《中国互联网络发展状况统计报告》显示，截至2019年6月，我国网民规模达8.54亿，其所构成的数字经济已达到35.9万亿元，同比增长14.7%。[①]

新技术的发展使得消费行为模式跨越时间、地域的限制，同时让内容的表现形式逐步复杂，可视性、代入感、在场感和体验感加强。首先，金融创新为网络消费提供了支付便利。移动支付甚至跨境支付的高效率，让消费更便利，打破物理限制，无处不在。其次，直播、AR（Augmented Reality，增强现实）等新技术成为"底层性"应用，带来了新的消费场景、消费需求与消费决策链，更利于用户黏性提升、商业化边界以及虚拟社交圈层的扩展。同时，由于2020年一季度疫情的持续影响，网络电商购物以及无接触购物行为逐渐增多。这些技术与环境的变化，都预示着"宅人消费时代"的来临。

第二节 "新青年新消费"的崛起

一、新青年逐渐成为消费的主力军

新时代下，互联网经济成为消费重要的组成部分，新青年成为新的消费主力军。所谓新青年，也就是"宅人消费时代"的主体"宅人"。首先来说，这里的"宅人"和我们传统意义上所说的亚文化的"御宅"概念有所

[①] CNNIC 发布第44次《中国互联网络发展状况统计报告》[EB/OL].（2019-08-30）[2021-05-25］. http://www.cac.gov.cn/2019-08/30/c_1124939590.htm.

不同。从学术上来说，"御宅"群体是消费行为的旁观者，消费意愿极低，不太关注日常生活需求，是依赖虚拟场景符号消费的群体；而研究中对于"宅人"的定义与此不同。

学者保罗·杜盖伊曾提出，社会中最活跃的一群人正越来越多地生活在个人的和有意自我封闭的独处环境中，与此同时，这种受限制的个人小天地具有一种前所未有的"流动性"。[①]新青年中的"宅"群体，虽然平时宅在家中，依赖线上服务，在疫情期间可以名正言顺地不得不居家或者独处，但是其消费意愿和能力依然不容小觑，特别是线上个人消费能力。"宅"群体创造了极大的虚实"经济空间"，这也是我们判断"宅人消费时代"来临的另一个前提。

如今在我国消费市场，"80后""90后"已成为主力军[②]，而"00后"，即当下主流说法中的"Z世代"（Generation Z）群体，消费能力也在逐渐崛起。我们将"新青年"定义为19—35岁的群体，也就是代际中的"80后"、"90后"和"00后"，统称为"Z世代"。"Z世代"虽然在当下被主流认为是1995年至2009年间出生的一代人[③]，事实上当下18—35岁的人群也都曾被冠名以"Z世代"[④][⑤]。根据2020年1月GROWTH用户画像标签数据库，新青年用户规模达到6.53亿，占网民比例为57.1%[⑥]，是互联网的核心群体。

---

① 王斌. 从技术逻辑到实践逻辑：媒介演化的空间历程与媒介研究的空间转向［J］. 新闻与传播研究，2011，18（3）：58-67，112.
② 罗希，程思，刘开阳. 如今在我国消费市场，80后、90后已成为主力军［EB/OL］.（2020-10-26）［2021-05-25］. https://baijiahao.baidu.com/s?id=1681608114462978415&wfr=spider&for=pc.
③ 何绍辉. Z世代青年的形成背景与群体特征［J］. 中国青年研究，2022（8）：14-20.
④ 谢洋，王曦影. 21世纪全球Z世代研究的回顾与展望［J］. 中国青年研究，2022（10）：102-109.
⑤ 最新人群："Z世代"的生存状态［J］. 中国青年研究，1999（3）：31-32.
⑥ QuestMobile研究院. 深度用户标签数据库［EB/OL］.（2020-04-30）［2021-05-25］. https://www.questmobile.com.cn/products/growth-info.

他们也是成长于经济腾飞时期的一代，消费心理和消费行为都比父辈代际要超前，线上消费能力也不断增强。同时，新青年对线上消费行为的接触年龄相对超前，网购经验充足。2020年1月数据显示，新青年人群在综合电商平台的活跃渗透率已经高达82.8%；由于触网较早，他们也更加具有自我保护意识，网购行为也趋向理性。

二、新青年的线上消费行为

首先，对于品牌的追求。新青年新消费的首要特征是对于品牌的追求，由于新青年对于个体价值、自我身份认同的追求，会在消费行为中寻求自我身份认同，会用品牌（Brand Logo）来证明身份，以建立自身有别于其他人的"区别性"。

品牌，其实是消费者对品牌符号解码所组成的印象，是对于品牌价值、属性集合的一种主观反映与相关联想的集合。早期，凡勃仑提出品牌选择的炫耀性心理；而后，莱宾斯坦提出了"个人导向"的购买动机，即追求独特性、个性化，为了与他人不同，以获得独一无二的价值体验[1]；梅森提出了"社会导向"的动机，即购买行为在确立社会地位和社会角色中的重要性[2]。新青年的消费行为也体现出明显的个人导向的动机，包含"自我取悦、自我赠礼、内在一致，以及品质保证"[3]。因此，"会讲故事的产品"更受年轻消费者青睐。新青年群体在感知、消费、体验产品的过程中，

---

[1] LEIBENSTEIN H. Bandwagon, snob and Veblen effects in the theory of consumers' demand [J]. Journal of Economics, 1950, 15 (64): 183-207.
[2] MASON R. Modelling the demand for status goods [Z]. Working paper at Department of Business and Management Studies, University of Salford, UK, 1992.
[3] 郭姵君，苏勇. 中国奢侈品消费行为实证研究 [J]. 管理评论，2007（9）：8-15, 63.

发现自己内心的需求,找到自我价值的归属感,因此更看中消费品的品质及其带来的心灵安慰。小众社群消费特征鲜明,"懒人式消费""奖励式消费""治愈式消费"等个体导向的消费理念层出不穷。

其次,付费习惯的培养。新青年对于线上内容付费产品接受度逐渐增高,愿意为了获取更好的虚拟体验与视频图文等内容去付费,比如,为热播影视剧、综艺等长视频内容购买付费会员、付费点映,为虚拟游戏"氪金"、为直播主播和短视频博主"打赏"、为在线阅读内容付费等,而移动支付让消费更便利,打破物理限制,提高了消费者消费意愿,使虚拟互联网经济开始盛行。2019年度支付宝年度账单数据显示,相较于"80后","90后"群体理财的比例更高。"90后"除了会理财,也更会省钱,很多收入不高的"90后"舍得买大牌、买奢侈品,但是也对价格敏感,他们会想尽办法找到最便宜的方式选购奢侈品;在日用品上更是寻找各类比价、导购类App(Application,应用程序),精打细算"薅羊毛"。

再次,消费回归理性。新青年一代不再盲目消费,而是寻找最适合自身个性、品位、价值的"利基"空间,追求性价比和"货比三家"。根据QuestMobile中国移动互联网数据库的统计数据,新青年对于跨境电商、比价闲置类平台的需求量持续增加。2020年1月,新青年群体在闲置网站的规模达到9000万,活跃渗透率同比增速为56.2%,在导购分享类网站的渗透率同比增速为43.6%,而跨境电商渗透率同比增速高达104.9%[1]。不过,这也和疫情期间的不确定性有关。相关实证研究显示,收入的不确定性和流动性约束,对于人们的消费观和消费行为会产生影响[2]。而相关电商网站在消费导购、信息透明化,以及满足新青年的消费需求、增加消费黏性,甚至引

---

[1] QuestMobile 发布 2020 中国移动互联网春季大报告[EB/OL].(2020-04-28)[2021-05-25]. https://baijiahao.baidu.com/s?id=1665179296371429614&wfr=spider&for=pc.

[2] 罗楚亮. 经济转轨、不确定性与城镇居民消费行为[J]. 经济研究, 2004(4): 100-106.

导消费需求方面表现不俗，也有助于促进贸易稳定，增强消费的流通。

最后，新青年"宅"文化和电商直播技术方式的巧妙结合。电商的网络营销涵盖了广告主体活动的方方面面，直播创造了新的消费场景，是一种新形式的直播导购，也是一种新的沟通方式和新的消费习惯。直播最重要的就是其社交属性，满足了宅家一族的购物信息需求和情感需求。直播主播们讲解示范、亲身试用、回答问题，快速让消费者了解并接受产品，而消费者可以即时互动，通过弹幕的方式与主播进行问答，同时与看直播的其他观众进行交流，并通过点赞等方式表达情绪。并且，在虚拟场景中"限时限量、低价热销"的诱惑下，电商直播间中的新青年有时会出现冲动消费的行为；也有部分"体验型"用户，成为直播间的持续使用者，他们没有明确的购物需求，而是将直播作为陪伴型使用的平台，长期"蹲守"等待符合自己兴趣的产品出现。

第三节　新消费：消费风尚的发展趋势

疫情期间，"工作生活一体化"的社会趋势正在显现，全民体验在家远程办公。媒介技术的便捷性及其对于日常生活的渗透性，拉近了人与社会的距离，带来场景的细分以及空间的远程复制，也带来媒介用户的注意力、兴趣的迁移。未来人们将普及灵活的工作模式，最终将实现生活融入工作、工作融入生活的无缝衔接，而附着之上的消费风尚亦将发生变化。

一、科技赋能"宅人消费时代"来临

依托人工智能、VR（Virtual Reality，虚拟现实）、5G等技术的进一步发展，再叠加疫情的影响，宅人科技与宅人沉浸式体验迅速发展。一方面，

短视频和直播带货兴起。短视频通过算法完成内容分发，再经由红人推荐，将商品调性与目标客群相匹配，丰富选择范围、缩短决策流程、刺激瞬间消费潜力；同样是内容类带货，短视频以娱乐内容获取流量，带货更"软"，直播带货嵌于电商App，带货更"硬"。另一方面，随着文娱产业的兴起，当红明星也会在电商平台参与到带货模式中，利用自身粉丝流量和知名度，担当细分领域直播导购KOL，引导具有较高线上消费能力的新青年到电商App消费，消费者受到的影响更为直接，"泛娱乐经济""颜值经济"等都对新青年消费产生了影响。

二、多元消费方式不断出现，社交环境带来全网接触点

随着各电商平台使出浑身解数参与竞争，产品越发同质化、信息更加透明化，而消费者的购物决策流程相较于传统线下时代发生根本改变——更易受社交等影响，决策链发生变化。线上消费从过去的"目的性购物"，逐渐向"边逛边聊边买"演变，进而增加了用户使用时长；另外，社交平台越发垂直、细分，圈层社交、粉丝经济正凸显，基于新电商平台的拼团购物、分享购物体验等行为成为重要的线上消费行为之一。消费者行为的传统模式，如"A—I—D—M—A"（关注—兴趣—意愿—记忆—行动）逐渐发生改变，决策链变短，而且更易受生活方式的影响。2011年，电通提出"S—I—P—S"（共鸣—认同—参与—分享）模型来解释与表达社交环境下消费者的决策轨迹趋势。随后国内智库团队提出基于生活方式的"L—I—I—S"（生活方式—认同—交互—分享）[1]模式，体现了"宅人消费时代"生活方式对于消费者行为的影响。

---

[1] 胖鲸智库. 美团×胖鲸智库正式发布《2018生活方式营销报告》[EB/OL].（2018-05-25）[2021-05-25]. https://www.prnasia.com/story/212022-1.shtml.

三、疫情后消费愿望提升，"云消费"场景重塑消费方式

"扩大消费是对冲疫情影响的重要着力点之一"，新技术为新消费方式、新产业链的衍生提供了新的渠道和空间。一方面，疫情之后会面临消费大潮，消费者长期居家被抑制的消费愿望提升，其消费心理、消费趋势往注重性价比的方向发展。疫情期间，新青年新品类的消费决策出现，如卫生防护品类（口罩、消毒液等），以及个人健康类（如烘焙用具、健康饮食、运动健身用品等）产品的消费，而且性价比高的品牌将会成为新青年消费的重点。"火锅""奶茶"等美食类的"小确幸"消费成为疫情期间居家的心理补偿。疫情期间，很多品牌都收获了新代际消费者的兴趣度，新青年消费的复苏也是品牌重塑自身价值的机遇。

另一方面，基于供应链优化、新的"云消费"场景的构建，疫情期间，线下主导的消费模式也在积极探索线上购买方案，如云看房、云购车等；"云生活"方式受到青睐，如云健身、云派对等。另外，由于隔离措施和新青年"宅"属性无意识的契合，成熟的多元化零售模式，如盒马、京东超市等电商配送平台，美团、饿了么等第三方配送平台，以及智能货架等无人零售模式的兴起，移动基础设施的完备，供应链的逐步成熟，共享实施方式与资源重组，很可能将会重塑未来很长一段时间的新青年消费者的生活方式和消费方式。

四、疫情使得消费者的行为转移为虚拟空间的线上行为

现实的家庭空间认知发生根本改变，并衍生出更加多元与融合的场景和复合空间——商业居家空间融合、多元社区与多元空间体融合、产品与

服务协作并存，这一切将重新定义消费者、重新定义消费场景，实现更加深层次的品牌连接，促使未来消费行为在时段、区域、服务等方面都变得更加细分，并且加速无人智能服务的成熟化。同时，在后疫情时代，消费者会追求更加健康、文明的消费文化和生活方式，进而促进社会整体消费文化的提升。

第四节　新机遇：数据驱动全场景覆盖与消费路径再造

危与机并存，转危为机是后疫情时代企业的核心使命。前文所述新青年和新消费的变化，再加上疫情的影响，都加速了消费行业对业态与资源整合的需求，以及对供应链效率和灵活可变性的要求，从而促进全社会范围内更大规模的融合和进步。这有助于帮助品牌更好地设计和履行精细化的全链路品牌体验、全链条联通采销、整合不同的业态与资源，并能针对不同情况灵活协调和重组。而供应链的进一步发展，将更为此提供支持和保障。首先是实现供应链和消费体验的可视化，以更好地规划、监控、跨平台协调调配物资与运力，并实现消费者的实时反馈；其次是保证重大突发事件发生时应急供应链体系的建设；再次是布局多元多点供应链，以实现无人运输和配送、自动运输系统。

一、消费者对电子商务平台的依赖将持续增长

以消费者为核心的数据驱动全域营销对私域消费者的管理需求将更加迫切。消费者服务与管理的数字化、建立线上消费者入口，是当下很多传统品牌都迫切需要采取的措施。品牌应具备全链路营销的能力，从全域站

外的场景化沟通到全域站内的直接转化，同时还需要丰富自己的数据资产，并构建私域数据运营能力。

二、全场景覆盖，实现线上线下运营一体化

一是企业和销售平台需要进一步实现沟通触点数字化，更多地关注线上数字化触点。数字化是后疫情时代企业和消费者之间的纽带，企业需要打造全触点良好体认。全触点体验好了，品牌认可度自然会高。二是在后疫情时代可考虑适当加大与高增长媒体合作力度，如医疗健康类、新闻类、游戏类、视频类等。三是要更注重沟通的共情化。在后疫情时代，社会叙事、家庭健康、爱国情怀将凸显，有故事、有内容、有情怀的消费品更能吸引新青年的目光，并为此打开钱包；另外在后疫情时代，消费者可能会更加关注品牌社会责任、安全、服务等，品牌沟通素材应有所体现。四是要实现用户消费数据的集中化、用户行为的线上化，产生更多、更丰富的消费者线上行为数据，但由于消费者行为仍存在不确定性，基于数据的精准营销可更灵活地应对变化，更利于企业调整人群、素材、触点等沟通策略。

三、未来线上场景将进一步延展，催生精准营销新机会

疫情使得消费路径也发生变化，线上环境和决策路径更短，需要设计决策环节帮助消费者更轻松地进行决策，在物流不变的情况下提供消费者购物保障；针对不同的线上渠道和平台，设计相应的、多样化的销售模式与组合，使其更贴合当下生活方式和媒介习惯，以顺应当下情境的沟通方式和基调；识别当下的消费者新需求，以及暂时被抑制或延后的需求，重新选择沟通的时机与购买模式。

第二章 中国电商直播行业报告（2020）

第一节 后疫情时代的数字经济：电商直播行业发展背景

一、宏观经济环境

总体来看，以数字经济为代表的新动能在对冲不确定性时，比以传统产业为代表的旧动能展现出更大的发展潜力[①]。疫情为新一轮科技和产业变革的浪潮按下了快进键，在数字"新基建"的政策指导与5G商用的技术支持之下，电商直播作为数字经济的重要组成部分，已经成为后疫情时代新零售产业发展的共识和方向。在后疫情时代，数字技术和电商直播等新行业将为宏观国民经济系统增加更强的柔韧性。

我国2020年一季度宏观经济数据显示，受疫情影响整体呈下滑态势，一季度GDP同比下滑6.8%，第一、第二、第三产业增加值分别下降3.2%、9.6%和5.2%。然而，即便如此，我国线上经济的发展不降反增。疫情期间人们对互联网的依赖猛增，从线上办公、线上教育、线上娱乐到网络电商

---

① 亿欧.疫情将如何重塑数字经济新范式？［EB/OL］.（2020-04-17）［2021-05-25］.https://t.cj.sina.com.cn/articles/view/2540408364/976b8e2c02001nwx5.

产业都迎来了繁荣发展。

一方面，从网络用户接触时间来看，2020年春节期间，互联网行业的整体在线时长、日活跃用户数量（DAU）均创造了历史最高纪录。据QuestMobile统计，2020年2月17日至2月23日，网民每天花在移动互联网上的时长比年初（2020年1月6日至1月12日）增加了21.5%（如图2-1所示）。另一方面，尽管总体社会消费呈现负增长，但线上零售受到的冲击比线下实体经济要小，生活必需品网上销售额持续增长。据国家统计局2020年1—2月数据显示，我国社会消费品零售总额为52130亿元，同比名义下降20.5%；而同期全国网上零售额13712亿元，同比仅下降3.0%。实物商品网上零售额11233亿元，占社会消费品零售总额的比重为21.5%，这部分销售额不但没有下降，反而同比增长3.0%，其中，食类和用类商品分别增长26.4%和7.5%。①

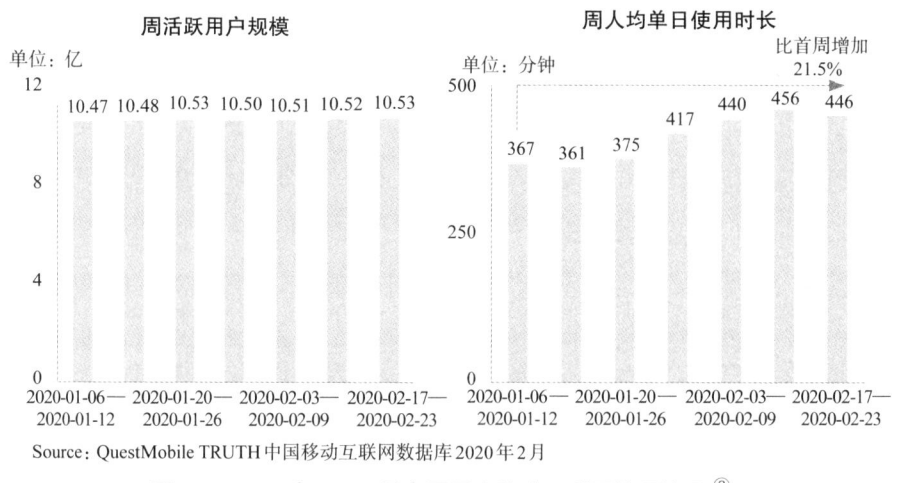

图2-1　2020年1—2月全网用户移动互联网使用情况②
图源：QuestMobile中国移动直播行业"战疫"专题报告

---

① 2020年1—2月份社会消费品零售总额下降20.5%［EB/OL］.（2020-03-16）［2021-05-25］. https://www.gov.cn/xinwen/2020-03/16/content_5491847.htm.
② 陆鹏鹏. QuestMobile发布中国直播行业报告：疫情期间网民上网时间增加21.5%［EB/OL］.（2020-03-10）［2021-05-25］. https://www.lanjinger.com/d/132141.

二、消费新形态

疫情助推了"宅经济"效应，电商直播成为连接"暂停营业"的实体店面商家与"足不出户"的消费者的桥梁。疫情使得消费者的行为转移为虚拟空间的线上行为，增强了消费者对新业态、新模式、新应用的沉浸体验。电商直播行业针对新模式、新应用进行市场推广的"成本高墙"被打破，用户渗透率得到系统性提高，其对网站及应用的偏好和黏性得到增强。

消费者行为的规模化线上转移促进了消费领域的新形态，以及商业模式新变革，加速推动了数字消费和电商直播的蓬勃兴起。但是，数字消费新形态与传统消费形态之间并非完全的替代关系，因此需要进一步挖掘消费者的潜在需求，以便进一步扩大需求市场，并对传统消费产生带动作用。

数字技术带来的"宅经济"消费新形态主要体现在三个方面。首先，科技赋能"宅人消费时代"来临。依托人工智能、VR、5G等技术的进一步发展，消费中的沉浸式体验迅速发展。电商直播作为一种新形式的直播导购，是新的沟通方式，更是新的消费习惯，其最重要的就是社交属性，满足了宅家一族的购物信息需求和情感需求。其次，消费类型多元，社交类消费、粉丝类消费和泛娱乐消费兴起。社交进一步引导消费，线上消费从过去的"目的性购物"，逐渐向"边逛边聊边买"演变，进而增加了用户使用时长。短视频和直播带货兴起，将商品调性与目标客群相匹配，丰富选择范围、缩短决策流程、刺激瞬间消费潜力，当红明星也会在电商平台参与到带货模式中，消费者的购物决策链发生变化，网红经济带来的"KOL种草"[①]，以及消费者大量非计划性购物需求通过社交场景得到满足。数据显示，61%的消费者曾经被周围好友推荐购买了原本没有计划购买的

---

① 种草，网络流行语，专门给别人推荐好货以诱人购买的行为。

商品；30%以上的消费者经社交平台"KOL种草"产生了非计划性的购物需求（如图2-2所示）。[①] 最后，"云消费"场景重塑消费方式，如"云健身""云看房"等新的"云消费"场景构建。疫情期间人们被抑制的消费愿望提升，新品类的消费决策出现。

渠道	比例
经周围好友推荐	61.0%
经朋友圈推送链接	53.0%
经社交平台KOL种草	30.0%
其他	2.0%

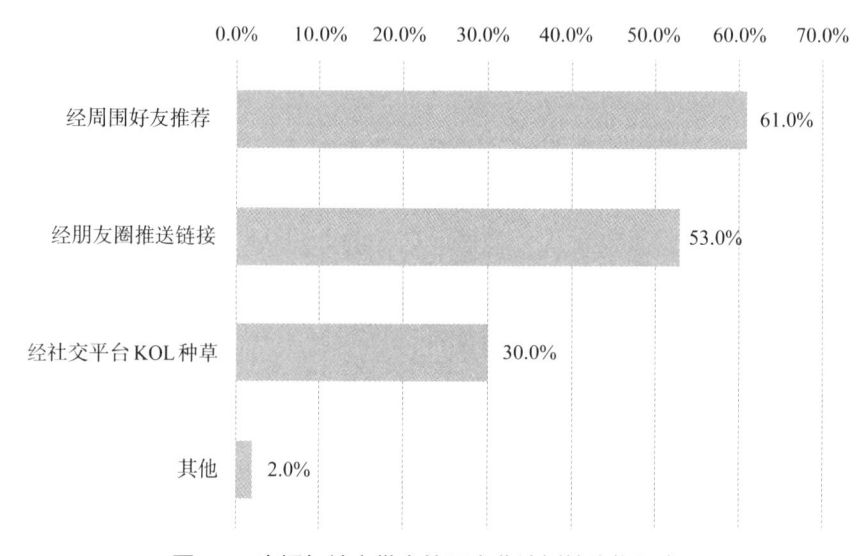

图 2-2　直播与社交带来的用户非计划性购物需求

三、供应链

在疫情的倒逼之下，以消费者为市场主导的 C2M（Customer to Manufacturer，消费者对供应商）工厂电商模式优势凸显，电商直播的供应链条得以迅速优化与完善。传统电商的供应链流程包括，"品牌定位—定款—定数量—定排期—定价—直播—发货—售后"。在疫情初期，物理隔离的防疫举措使得原本的供应链条被切断，停工停产与物流受阻使得传统电

[①] 王密.2019 年中国直播电商总规模 4400 亿元及未来直播电商行业发展前景分析［EB/OL］.（2019-11-22）［2021-05-25］. https://www.chyxx.com/industry/201911/808602.html.

商的供应链问题被放大：一方面是工厂被迫停工，商家库存有限，无货可发；另一方面是销售渠道断裂导致商品积压。疫情得到有效控制之后，电商直播的交易额倍增，这也对供应链的反应速度、体量、更新速度、发货能力提出了极高的要求，如果适应不了直播出货量增长带来的变化，供应商将面临巨大的损失；而如果把直播销量预测过高，储备的大量库存就会造成巨大的资金压力。

为了应对后疫情时代电商直播的火爆发展态势，一方面，品牌商渠道和供应链的数字化程度大幅提高，充分发挥渠道共享、用户流量精准监测等数字化技术在供应链优化中的优势。另一方面，直播平台开始自主搭建供应链条，打通直播平台与供应链工厂之间的通道，库存、快速反应、退货率等一系列的问题被解决。平台通过数字化技术的应用与后向供应链的整合，提升供应链的响应速度、物流的出货速度，缩短库存的消化周期，使得供应链逐步朝着柔性化方向发展。在电商直播平台带动下，供应链端的效率和数字化以及智能化正在向传统供应链企业不断渗透。随着电商直播供应链问题的解决，直播的市场还将迎来新一轮的增长。

四、行业竞争

疫情期间，电商直播显示出强大的转化率和流量优势。疫情之后的电商直播行业呈现出两个明显的竞争格局。一是互联网公司争相入局。面对人口红利消失，流量见顶的局面，很多企业都陷入用户增长变慢和新增用户成本增加的困境，而电商直播的高转化率使互联网企业看到了入局电商直播的最佳时机，直播带货的方式成为流量入口的变现工具。各大互联网公司与品牌方紧锣密鼓地加速布局电商直播业务，微博宣布正式推出"微博小店"，斗鱼上线"斗鱼购物"等。二是传统电商直播平台，如淘宝、抖音、快手等的竞争也进入白热化阶段。对于电商直播平台而言，新入局的互联网公司利用原本的公域流量优势，品牌方凭借长期积累的私域流量，一经上线就成为传统电商平台的竞争对手。但新入局的互联网公司和品牌方大多缺乏成熟的商品供应体系做支撑，从短期来看，利用流量优势可以获取一定的经济效益，但如何在短暂的热度过后，构建成熟稳定的产业链体系，是决定新入局的互联网公司和品牌方能否在电商直播领域取得长足发展的关键因素。

五、行业监管

电商直播作为数字经济的新业态、新模式，是数字时代的新兴事物，难免会与在传统工业时代建立起来的、与工业经济相契合的监管制度产生摩擦。当前对于电商直播的监管面临着发展与规范如何平衡的困局。一方面，疫情的冲击使人们意识到电商直播对拉动内需的价值和作用。电商直播作为实体企业重要的线上销售渠道具有强大的韧性，政府有关部门也利用电商直播平台帮助各地恢复经济，鼓励、扶持实体企业转向线上经营，电商直播的有序发展对于后疫情时代提振经济、促进消费颇有助益。另一方面，为规范当前电商直播中流量造假、夸大宣传、诱导消费等乱象，有关部门出台了相关政策予以规制。2019年《国家广播电视总局办公厅关于加强"双11"期间网络视听电子商务直播节目和广告节目管理的通知》要求"双11"期间加强规范网络视听电子商务直播节目和广告节目服务内容，节目中不得包含低俗、庸俗、媚俗的情节或镜头，严禁丑闻劣迹者发声出镜。网络视听电子商务直播节目和广告节目用语要文明、规范，不得夸大其词，不得欺诈和误导消费者。

从现有制度体系来看，《中华人民共和国广告法》《中华人民共和国消费者权益保护法》《互联网广告管理暂行办法》，以及2019年最新实施的《中华人民共和国电子商务法》等相关法律法规均涉及了网络交易中经营者的责任、义务，但是具体到电商直播行业中相关平台、经营者与主播的责任界定和划分、尺度适用性等问题，特别是维护消费者合法权益的贯彻执行方面还存在较多薄弱环节。政府各监管部门如何进一步厘清对电商直播的监管空间与监管边界，如何形成完备的电商直播监管体系，如何平衡监管与效益的关系，推动电商直播新业态、新模式的健康有序发展，成为后疫情时代电商直播行业监管面临的关键问题。

第二节　中国电商直播行业发展现状

一、基本情况和基本类别

（一）基本情况

自从电商行业在中国兴起后，网购消费在人们生活中的重要性不断提高，网购已成为消费者消费的重要渠道。随着网购用户突破10亿人，电商体系在中国已发展成熟，用户规模逐渐触达网民规模天花板，流量获取成本也越来越高，"电商直播"的形式成为电商行业发展的新风口。

2016年，适值移动直播风口，淘宝、蘑菇街、京东等电商平台率先探索电商直播模式，并借助形式创新带来的红利持续发力，着手孵化直播红人体系、供应链整合等。与此同时，快手、抖音、美拍等短视频平台开始试水电商直播，服务于电商直播的MCN（Multi-Channel Network，多频道网络）快速成长。电商直播从最初的探索阶段逐步向精细化运营阶段发展。2019年，电商直播行业迎来了爆发期，直播带货GMV（Gross Merchandise Volume，商品交易总额）暴增，淘宝处于行业领跑位置，各个平台均开始注重主播培养，拼多多、小红书、知乎等平台也相继上线直播功能，MCN机构不断深化商业变现模式的探索。艾媒咨询数据显示，2019年全年全国网上零售额首次突破10万亿（元人民币）大关，达到106324亿元（如图2-3所示）。2019年中国电商直播行业的总规模达到4338亿元[①]。

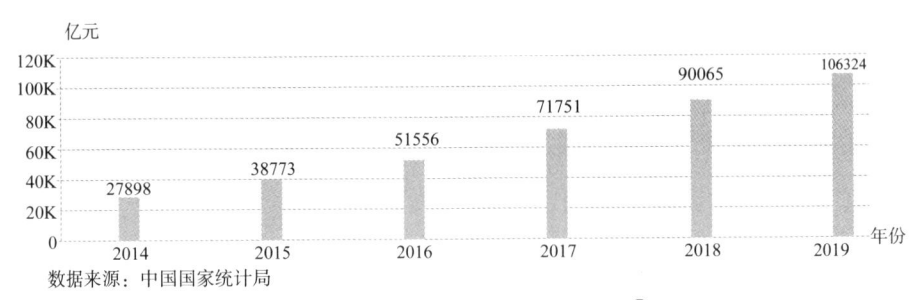

亿元

年份	金额
2014	27898
2015	38773
2016	51556
2017	71751
2018	90065
2019	106324

数据来源：中国国家统计局

图2-3　2014—2019年中国网络零售市场交易额[②]（单位：亿元）

图源：艾媒数据中心

2020年疫情的暴发为电商直播的发展按下了"加速键"。疫情之下，线下销售在短期内难以快速反弹，转战线上已经成为诸多品牌的当务之急。特殊时期，电商、游戏、线上教育等行业迎来空前的机遇，也助推直播带货成为品牌拉动线上消费的重要营销手段之一。被迫延长的春节假期，以及深宅在家共同战疫的场景，让用户的线上娱乐时间同比大幅上涨，从而带来了电商直播行业的全面繁荣。2020年2月，艾媒咨询预计，2020年国内在线直播的用户规模将达5.24亿人，2020年电商直播市场规模将达到9610亿，同比增长111%，电商直播的渗透率预计在7%到9%之间，电商直播赛道红利基于低渗透率因素将继续显现[③]。电商直播方

[①] leo.零售行业数据分析：2019年中国网络零售市场交易额为10.63万亿元[EB/OL].（2020-05-08）[2021-05-25]. https://www.iimedia.cn/c1061/71309.html.

[②] leo.零售行业数据分析：2019年中国网络零售市场交易额为10.63万亿元[EB/OL].（2020-05-08）[2021-05-25]. https://www.iimedia.cn/c1061/71309.html.

[③] 柒柒.中国直播电商报告：2020年市场规模将达9610亿，档口直播将成重要发展趋势[EB/OL].（2020-02-17）[2021-05-25]. https://www.iimedia.cn/c880/69068.html.

兴未艾，随着腾讯、百度等互联网巨头也加入电商直播大军，未来的行业规模将保持高速增长趋势，电商直播行业将向着平台化、产业化方向发展。

（二）基本类别

根据平台的属性，电商直播主要可以分为两种：一种是"电商+直播"，另一种是"直播+电商"（见图2-4）。具体来说，前者指传统电商直播，即传统的电商平台开辟直播区域，如淘宝直播、天猫直播、京东直播、拼多多直播、蘑菇街直播、小红书直播、唯品会直播等。传统电商直播依托长期培养的消费者的购物路径依赖与成熟的供应链条，借助直播的形式改变"人找货"的模式。传统电商平台在用户黏性和时长占据方面，显著低于内容和社交平台，但是引入高时间消耗的直播购物形式后，电商平台就被赋予了一定的内容属性。特别是随着电商业务不断下沉，直播带货的形式也有助于提升下沉市场的用户渗透。从更深远的商业模式切换角度看，围观直播的过程中，让消费者实现从"买完即走"到"边围观边购物"的转变。

2016年	2017年	2018—2019年	2020年及以后
➢ 第一阶段 ➢ 直播平台试图打通"直播+内容+电商"，以提高用户黏性，将流量变现	➢ 第二阶段 ➢ 行业开始分化，各种不同的角色出现，比如MCN机构、供应链等，行业开始走向精细化	➢ 第三阶段 ➢ 直播电商开始往主播、供应链等产业链上下游资源整合的大方向发展，解决产业周期长的问题	➢ 第四阶段 ➢ 直播电商将会结束电商行业群雄混战的局面，不同模式之间也会最终实现分化

图2-4 中国电商直播行业发展历程及主要特点[1]

图源：艾媒研究院

---

[1] 干货收割机.2020年中国直播电商行业发展历程、主要特点及市场规模分析[EB/OL].（2020-02-14）[2021-05-25]. https://xueqiu.com/4375159485/141252920.

而后者是指社交电商直播，即娱乐型社交直播的平台新增电商业务，如抖音直播、快手直播、虎牙直播、斗鱼直播、花椒直播等。社交电商直播的本质是依托平台社交属性积累的流量和社交关系的价值挖掘，借助红人网络号召力和影响力，将在社交平台积累的粉丝转化为产品消费者，将其对自身的信任转化为消费力。这种"直播+电商"的模式更容易帮助用户快速决策、提升产品销售转化率。

二、发展特点

电商直播的发展主要有以下几个特点。第一，发展势头迅猛，产业规模迅速扩张。电商直播自2016年发展至今，短短几年时间即完成了对线上线下资源的整合，吸纳了大量线下实体企业与互联网公司入局。据商务部大数据监测显示，2020年一季度电商直播超过400万场；据艾媒咨询2020年5月统计数据，国内电商直播市场规模从2017年的190亿元迅速增长至2019年的4338亿元，2020年预计规模将达9610亿元，同比增长121.53%。第二，用户规模持续高速增长。据CNNIC发布的第45次《中国互联网络发展状况统计报告》显示，截至2020年3月，我国网络直播用户规模达5.60亿，较2018年增长1.63亿，占网民整体的62.0%，电商直播用户规模达2.65亿，占网民整体的29.3%。[①]第三，行业集中程度高，帕累托效应显著。淘宝、抖音、快手呈三足鼎立态势，占据整个电商直播市场的大部分份额，而其他互联网巨头、直播平台及数量庞杂的小型公司所占市场份额目前较小。第四，电商直播垂直领域、多种业态蓬勃发展。以淘宝、京东、拼多多等平台为代表的综合类电商直播平台布局完成，垂直领域、多种业态电

---

① 199IT. CNNIC：2020 年第 45 次中国互联网络发展状况统计报告—网络直播［EB/OL］.（2020-05-11）［2021-05-25］. https://tech.sina.cn/2020-05-11/detail-iircuyvi2395183.d.html?vt=4&pos=18.

商直播蓬勃发展，小红书、知乎、哔哩哔哩（简称"B站"）等平台依托各自的平台特征和流量深耕细分领域。

三、上下游产业链

电商直播通过后向供应链的整合、前向流量的引导，以及底层算法技术的支持，将人、货、场进行了高度的有机融合，使上下游产业链浑然贯通。电商直播的产业链主要有两种。一是C2M模式直接供货，在供应链端，批发商、品牌方、经销商、工厂等上游供应方将货源提供给淘宝、京东等主流电商平台，主流电商平台则成为下单渠道。在流量端，主播借助直播平台或新兴电商平台将产品推介给用户，用户下单购买。以快手主播通过对接淘宝联盟卖货为例："假设商品原价为100元，商家设定推广佣金为20%；若主播在快手平台上引导消费者实现一笔成交，则淘宝联盟首先收取原价6%的内容场景专项服务费，在佣金余额中，淘宝、快手、主播（及机构）按照1∶4.5∶4.5的比例，分别获得商品原价的1.4%、6.3%和6.3%。"[1] 同时，用户的活跃度、复看率、直播间停留时间、下单转化率、售后满意度等指标又构成衡量主播带货能力的重要评价体系。二是商家自播模式，即商家借助直播平台或新兴电商平台直接将产品推介给用户，无须专业主播的参与。如2020年4月，继罗永浩之后，携程董事局主席梁建章古装打扮进行直播，4折预售湖州高星酒店，1小时内创造了2691万GMV。

电商直播的出现重构了"人—货—场"，提升了交易效率，人就是主播和团队、货就是商品、场就是直播的地方。其中，在"人"的方面，电商

---

[1] 王密. 2019年中国直播电商总规模4400亿元及未来直播电商行业发展前景分析［EB/OL］.（2019-11-22）[2021-05-25]. https://www.chyxx.com/industry/201911/808602.html.

直播以人为核心，把主播、嘉宾、买家、看客等聚集到同一个面对面的场景中，再把厂家、商家、生产者提供给市场的商品，以及购买商品的买家、看客等聚集到同一个场景中，通过主播对商品的点评、推荐将人、货、场高度有机融合[①]，形成了贯通的产业链条；在"货"的方面，电商直播实现了去中间商、拉近产品原产地的目标，过去商家需要采购，把货存进仓库然后再上架，而现在不管是从货品的展示上还是货源上，电商直播都更加拉近了距离；在"场"的方面，依靠技术和设备的升级革新，商家通过手机直播可以在任何时间、任何场景展示产品，可以是工厂、档口、原产地、专柜、直播间等，也可以直接入驻直播基地，同时解决货源问题。

四、行业格局

综观电商直播的整个行业格局，虽然整体规模庞大，入局企业众多，但头部效应显著，行业集中程度高。从平台角度看，淘宝、抖音、快手三家平台处于行业领跑位置，其中淘宝在所有电商直播企业中独占鳌头，目前已形成了包含直播基地、机构、产业带和供应链在内的完整产业链。淘宝汇集了大量头部主播、600多家MCN机构，是目前最大的电商直播平台，2019年"双11"淘宝直播单日GMV达到了近200亿元。

抖音与快手在电商直播领域也占有相当大的市场份额，据统计，在2019年两平台分别实现了GMV400亿元和250亿元[②]。抖音和快手二者的发展逻辑有所不同。抖音2018年正式入局电商直播，以内容为主要流量分发逻辑，平台控制力强，容易制造爆款，但目前其收入仍主要依靠广告业务，

---

① 秦丝进销存. 直播电商，始于网红终于供应链 [EB/OL].（2020-05-05）[2021-05-25]. https://www.sohu.com/a/393037417_395766.
② 王密. 2019年中国直播电商总规模4400亿元及未来直播电商行业发展前景分析 [EB/OL].（2019-11-22）[2021-05-25]. https://www.chyxx.com/industry/201911/808602.html.

商业化渠道不足；快手深耕下沉，比抖音早一步进行了直播带货的商业化，通过短视频和直播方式导流，接入电商平台实现流量变现。

此外，京东、拼多多、腾讯也不容小觑。2016年9月"京东直播"上线，使京东成为最早几个布局电商直播的平台之一。2019年11月才入局电商直播的拼多多，则凭借其病毒式营销模式与对下沉市场的深耕发展势头强劲。以社交为起点的腾讯在疫情期间加快了对电商直播领域的布局，依托强大的社交关系纽带与私域流量优势，腾讯的发展未来可期。一方面，腾讯直播有微信这一强大的私域流量池，商家可在其中完成流量转化和粉丝沉淀，带来高转化率和高复购率；另一方面，微信域外的多个内容产品组成的流量池体量庞大，商家或达人可以从多个渠道中直接触达亿级用户。除了综合类的互联网巨头，小红书、蘑菇街、哔哩哔哩、知乎等也依托自身的分众化资源优势，进行垂直领域的电商直播探索。总体而言，电商直播行业呈现出明显的集中化格局。

五、区域格局

电商直播的行业分布呈现出明显的区域化格局。首先是地域分布。以浙江、广东为主的传统的电商直播产业集群在电商直播模式的地域分布中仍然占据着主要位置，依托已经成熟的供应链体系与多年的电商运营经验，在电商运营的风口期便迅速转变运营方式。其次是城乡分布。以抖音和快手两平台的比较为例，从用户画像上来说，抖音的用户更多地集中于一、二线城市，且女性较多；而快手的用户主要分布在三、四线城市，其中25—50岁的人群过半[1]。这也影响了两平台电商直播的特质和带货逻辑。此外，面对城市用户规模的天花板与市场的饱和度，电商直播平台已经开

---

[1] 卡思数据.电商直播"飞速"发展，各路平台如何布局？[EB/OL]．（2020-03-26）[2021-05-25]．https://www.woshipm.com/it/3592634.html.

始转向下沉市场的布局。深耕农产品的电商直播销售，凭借在助力电商扶贫中的价值体现，有助于促进电商直播的主流化发展。自2017年以来，拼多多激活了大量低线城市消费者线上购物需求，电商平台新增用户群体中的绝大部分均属于传统线下渠道难以触及的三、四线城市用户。据2019年"双11"期间数据显示，除折扣因素外，三、四线城市消费者购物决策的主要考虑因素为社交互动和特款产品，考虑因素所占比例均高于一、二线城市的消费者。[①]而且与一、二线城市用户相比，三、四线城市用户在购物决策方面能够获得的信息较少，其购物决策更容易被社交平台和KOL影响。

第三节　电商企业面临的新媒介环境：企业即媒体

一、企业即媒体：一切行业都是传播业、所有企业都是媒体

在传播日趋碎片化、社交化的今天，电商企业面临与以往传统企业完全不同的媒介环境：以往的传统企业主要面对的是专业化的大众媒介组织，通过将营销权让渡给专业化的广告代理公司，企业、广告代理公司、大众媒介、受众这四者是一种层层传递的关系，构成了传统媒体时代的营销链条；在社交媒体时代，每个个体、企业甚至是机器人都成为独立的传播者，都具有"传播主体"的特征，在社会传播场域中，企业直面消费者，企业

---

① 王密.2019年中国直播电商总规模4400亿元及未来直播电商行业发展前景分析［EB/OL］.（2019-11-22）［2021-05-25］. https://www.chyxx.com/industry/201911/808602.html.

即媒介，一切行业都是传播业、所有企业都是媒体。内容与广告的边界逐渐模糊，一切内容都将成为广泛意义上的价值信息，在内容分发上，电商企业会掌握更大的主动权。转眼间，曾经的广告主都开始生产内容了，电商企业借助社会化媒体渠道将会越来越多地独立承担起内容生产与传播的职能，为创意内容产业注入一股新鲜的活力。

二、"用内容打动消费者"成为电商企业传播的新思维

故事是一种最原始的娱乐形式，特洛伊木马比任何一部研究希腊历史的著作都出名，就是因为它是一个好故事。情节叙述从本质上讲比基本事实来得更加生动，因为其中包含着叙述者与倾听者的感情。故事本身就是塑造社交货币的一种主要方式。实用价值都可能是故事讲述的理由，讲故事有时是出于社交需求，有时也是想用故事传达有用的信息给听者。品牌故事的内容如液体一般，自由地流向每一个角落。但不论它们流到多远，都与品牌战略和目标相连。

品牌化内容（Branded Content）可以更好地概括他们的实践。洗脑式强势广告模式或者强营销模式对于千禧一代来说已经不再讨巧，"用内容打动消费者"成为企业传播的新思维。产品、服务、情感、文化、社交、场景都不再孤立，优质内容正成为串起这些要素的纽带，尝试用品牌价值观这种全新的方式去连接更多消费者。品牌化内容的最大特点是以情感、价值观以及生活方式为诉求，潜移默化地传递品牌文化，从而把顾客变成粉丝，把品牌变成信仰。

三、价值认同与情感共鸣成为电商企业诉求的核心价值

在内容生产传播日趋碎片化、社交化的今天，带有驯服意味的传统刷

脸式广告已经无法继续给消费者洗脑，消费者更希望能够找到品牌气质与自身的契合点，在强烈的价值认同感中完成消费行为的自我满足。以优质内容为纽带，品牌逐步建立起高忠诚度的粉丝社群，让孤立的顾客个体转变为具有共情能力的粉丝集体。电商企业诉求情感和价值认同的一个主要体现就是原生广告，原生广告结合了内容与广告的双重特性，试图从受众心理出发，并提供既展示品牌又能与上下文相融合的广告，同时引发共鸣。

四、"声誉成为易碎品"是社交媒体时代电商企业面临的新问题

随着社交媒体时代来临，整个社会越来越呈现出网络社会的特征，传统的金字塔式的社会结构正在被扁平的网络结构所取代，人类社会正在步入网络化的社会。网络社会结构具有更大的弹性、柔性和张力，但韧性不足。一方面，网络社会结构提升了对"异端"等的社会兼容度，传统的等级界限也变得模糊了，而人们之间的联系更为平等和多元化。另一方面，网络社会结构韧性的不足增加了社会的脆弱度和社会结构的不确定性。相应地，企业声誉也逐步成为企业资产中的"易碎品"，其培育、积累非一朝一夕，但破坏起来可瞬间而就，对于任何一个致力于持续发展的企业而言，加强企业声誉规范管理，使企业声誉得到有效培育、积累和维护，具有十分重要的战略意义。

第二部分
"新青年新消费"网购消费品类与趋势报告

第三章 "新青年新国货"消费趋势报告（2020）

第一节 新消费：线下缓慢恢复，线上消费不减

一、"报复性消费"并未到来，线下购物缓慢恢复，消费更趋理性

国家统计局数据显示，2020年上半年全国消费品零售总额与2019年同期相比下滑11.4%，跌至17.2万亿元。在疫情高峰期，线下消费跌落至正常水平的37%左右。随着防疫政策的放宽，部分商户开始接待消费者，线下消费水平逐渐回升。据《北京青年报》报道，2020年3月山东潍坊一家烤肉店复工，顾客打电话直接"来一本儿"，意思就是整本菜单全点一遍。这是典型的疫情补偿心理和"报复性消费"。至2020年5月，商业活动已恢复到疫情前84%的水平（如图3-1所示）。不少人认为，疫情好转后，人们为满足压抑许久的消费欲望，很可能出现报复性消费行为。[1]

---

[1] 非主流朱.麦肯锡分析购物狂欢节：2020年疫情中的消费者行为［EB/OL］.（2020-11-15）［2021-05-25］. https://www.toutiao.com/article/6895216033804583435/?wid=1669794469491.

中国线下平均每日消费
100%=2019年12月平均每日消费

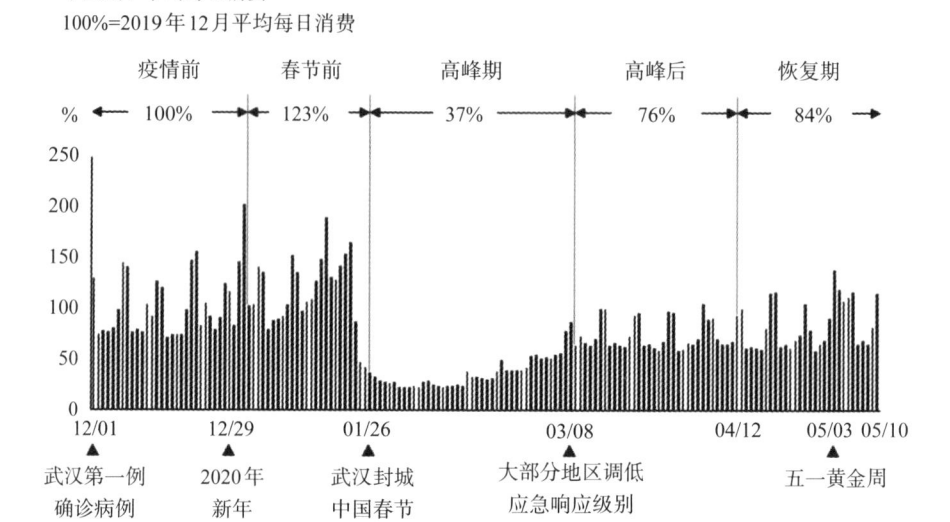

疫情前	春节前	高峰期	高峰后	恢复期
100%	123%	37%	76%	84%

▲ 12/01 武汉第一例确诊病例
▲ 12/29 2020年新年
▲ 01/26 武汉封城 中国春节
▲ 03/08 大部分地区调低应急响应级别
▲ 05/03 五一黄金周

图 3-1　2019 年 12 月至 2020 年 5 月中国线下消费水平恢复情况
图源：米雅科技，麦肯锡 2020 年新冠疫情下中国零售业消费数据分析

不过，前半年线下消费水平数据的变化说明"报复性消费"并没有真正到来。疫情期间，市场的各个参与者都发生了深刻的变化，供给侧加速线上化，消费者深度数字化，生活态度和消费心智在环境的不确定性面前产生着两极分化。人们戏称自己处于"日益增长的报复性消费需求"和"预期减少的可支配收入"的主要矛盾当中。中国新闻网一项 2 万人参与的调查显示，仅 11.6% 的参与者表示疫情结束后会进行报复性消费，近半数参与者称不会报复性消费，而是要报复性存钱、报复性挣钱。"报复性存钱"可能要先于"报复性消费"到来。

这也与疫情带来的居民对于经济的不确定感有关。一方面，因为在疫情过后普遍存在的心理恐慌期及适应期，消费者普遍感觉前景不明。凯度消费者指数与贝恩公司发布的《2020 年中国购物者报告》指出，在疫情风险、收入压力、通胀压力升高的多重阻力下，全面复苏将在 2020 年四季度至 2021 年一季度到来。在这种情况下，消费者的消费信心普遍下降，更愿意持币观望，而中国消费者日常储蓄的习惯又帮助他们选择满足居家生活消费的行为。另一方面,由于疫情的持续使相当一部分人群的生活水平提升速度趋缓、失业、收入及预期收入下降,在疫情结束后整体消费能力有所降低。

整体而言,线下消费的恢复过程是缓慢平稳上升的。以武汉地区为例,2020年5月1日—5月3日期间,武汉银泰百货整体客流是本年清明小长假客流的1.5倍,整体销售额也几乎接近2019年同期;最后一批复工的湖北门店也在逐步恢复,武汉银泰创意城、仙桃商厦两店客流分别是清明小长假的4倍、8倍[①]。在2020年"十一"长假,线下消费也显示出复苏趋势。据商务部监测数据,10月1日至10月8日,全国零售和餐饮重点监测企业销售额约1.6万亿元,日均销售额同比增长4.9%;文旅市场也恢复至2019年同期。生活非必需品的购物消费也借节假日之机得到了明显回升,各地消费券的发放有效拉动了线下客流。这是疫情发生以来消费需求的一次集中释放,也是线下消费水平逐渐恢复的一大体现。

二、消费渠道向线上、线下便利店和药店转移

受疫情影响,线下消费受阻,线上渠道成为人们消费的首选。国家统计局发布的数据显示,2020年上半年,全国网上零售额51501亿元,同比增长7.3%,其中实物商品的零售额同比增长14.3%,线上消费发展强劲。据调查,消费者对电商平台、超市线上App等线上购物渠道的使用意愿在疫情结束后依然有明显增长,线上渠道的作用将越来越明显(如图3-2所示)。

---

① 友盟,高德地图.2020疫情后的新世界:消费恢复趋势观察 |【消费专题报告】[EB/OL].(2020-11-23)[2021-05-25]. https://zhuanlan.zhihu.com/p/308458862.

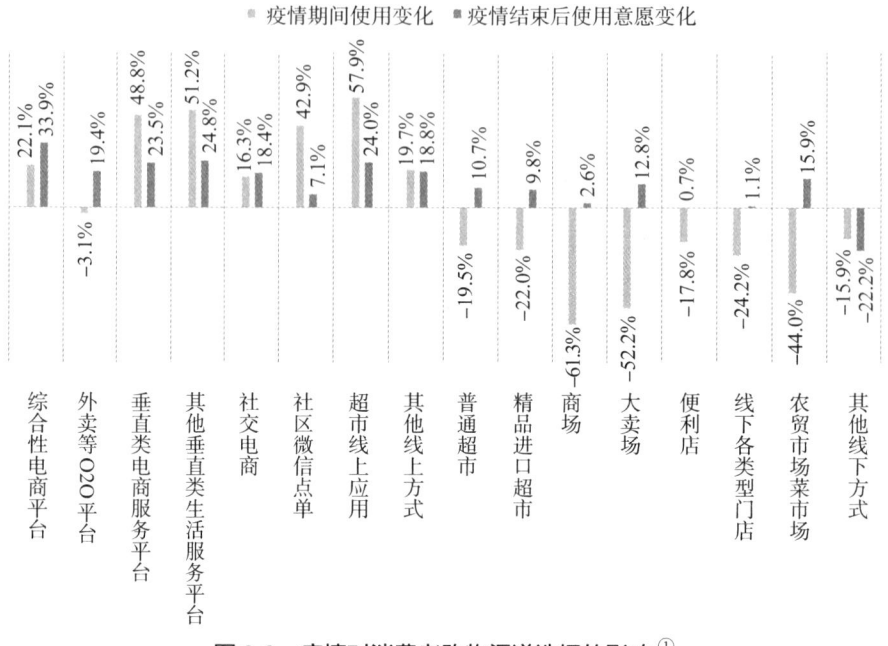

图 3-2 疫情对消费者购物渠道选择的影响①

渠道	疫情期间使用变化	疫情结束后使用意愿变化
综合性电商平台	22.1%	33.9%
外卖等O2O平台	-3.1%	19.4%
垂直类电商服务平台	48.8%	23.5%
其他垂直类生活服务平台	51.2%	24.8%
社交电商	16.3%	18.4%
社区微信点单	42.9%	7.1%
超市线上应用	57.9%	24.0%
其他线上方式	19.7%	18.8%
普通超市	-19.5%	10.7%
精品进口超市	-22.0%	9.8%
商场	-61.3%	2.6%
大卖场	-52.2%	12.8%
便利店	-17.8%	0.7%
线下各类型门店	-24.2%	1.1%
农贸市场菜市场	-44.0%	15.9%
其他线下方式	-15.9%	-22.2%

就线下渠道而言，便利店和药店受到消费者重视。疫情期间，首先获得消费增长的便是健康相关的品类。对健康关注度的提升可能会更长久地重塑居民消费结构，如长期提升在日常家庭清洁和消毒用品、运动器材和装备上的投入。根据CTR市场研究公司的一项调研，疫情过后，消费者最想做的事情中，加强锻炼（50%）和减肥健身（27%）分别位列第一和第四位。从广告主的行为来看，清洁用品、药品、免疫提升类产品广告花费率先增长，其中，清洁用品类产品广告花费增长超过1000%，药品类产品增长249.9%，个人健康类产品增长313.5%。

在"新常态"下的消费分级中，消费者的消费观更加理性，更追求便利、效率和渴望拥有"得到感"，并选择更健康和可信赖的产品。在疫情高峰期，除药店外，所有类别的客流量都大幅下降，但由于消费者囤积必需

---

① 2020新冠疫情消费者行为态度影响与趋势报告［EB/OL］.（2020-03-23）［2021-05-25］. https://www.sohu.com/a/382454941_170950.

品的需要，超市和便利店的销售额有所提高。进入恢复期后，人们对健康日益重视，药店的消费继续增长，而由于对人群聚集的忐忑和就近出行的意愿，便利店成为购物的首要选择，超市消费有所回落（如图3-3所示）。虽然这种线下消费渠道的转变深受疫情的影响，随着疫情形势的不断好转，药店和便利店在线下渠道中的优势地位不断削弱，但在较长一段时间内，药店和便利店将成为消费者频繁使用的线下渠道。[①]

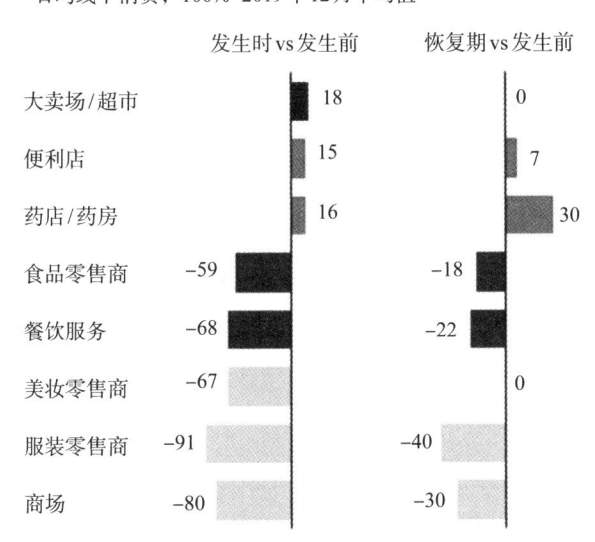

日均线下消费，100%=2019年12月平均值

类别	发生时 vs 发生前	恢复期 vs 发生前
大卖场/超市	18	0
便利店	15	7
药店/药房	16	30
食品零售商	−59	−18
餐饮服务	−68	−22
美妆零售商	−67	0
服装零售商	−91	−40
商场	−80	−30

图3-3 线下渠道日均消费对比

图源：米雅科技，麦肯锡2020年新冠疫情下中国零售业消费数据分析

三、线上线下消费融合趋势加强

在疫情期间，部分行业的电商发展进程加速。2019年，我国生鲜电商的渗透率在5%左右，远低于同期我国商品零售的总体渗透率20.7%，而在

---

① 非主流朱．麦肯锡分析购物狂欢节：2020年疫情中的消费者行为［EB/OL］．（2020-11-15）［2021-05-25］．https://www.toutiao.com/article/6895216033804583435/?wid=1669794469491．

疫情期间，京东到家等电商平台的生鲜品类增长率超过了300%。除加快电商发展进程外，疫情也让更多原本只做线下的行业参与到线上经济之中。

线上经济的行业领域不断扩展，为消费者的线上线下消费融合提供了便利。家乐福在春节期间的蔬菜配送量增长了6倍。京东商城线上食品销量仅在二月上旬就达15000吨。除食品外，中国消费者也在更积极地使用线上渠道购买非食品商品。这一趋势进一步促进了线上渠道转移以及电子商务的盛行。数据显示，2020年前5个月，全国实物商品网上零售额同比增长11.5%，占社会消费品零售总额的24.3%。可以说，疫情为线上线下消费融合按下了"快进键"。

直播带货在疫情期间火爆一时。中国电商直播行业的总规模在2019年已达到4338亿元，而疫情赋予了直播带货更多可能性。2020年4月6日，淘宝直播"带货一哥"李佳琦和央视主持人朱广权两人共同为湖北农产品直播带货，在2个多小时内累计卖出总价值4014万元的湖北农产品。2020年4月18日，新华社民族品牌工程办公室与抖音联合举办的"市长带你看湖北"直播，与湖北黄冈、荆州、荆门、十堰、恩施5个市州，共同推荐农副特产。新华社"快看"和5位市州长直播间累计观看人数达1118万人，累计带货58万件，销货金额达2426万元。[①]

在疫情防控常态化形势下，直播带货等新型消费模式依然蓬勃壮大。2020年"十一"前7天，贵州利用直播平台让"黔货出山"，新疆若羌县果农通过直播带货日均销售瓜果16万元，湖南麻阳邀请主播带货当地特色农产品，在中秋节当天实现销售额45万元。以直播带货为代表的新型消费模式带来了全新消费体验，消费不再局限于购买行为，更兼具社交、互动、休闲等附加功能，将在未来很长一段时间内不断发展，加速线上线下消费融合。

---

① 新华社"快看"携手抖音直播湖北带货观看人数破千万［EB/OL］.（2020-04-20）［2021-05-25］. http://m.ourjz.com/bbs/sxinfo.aspx?id=10077509.

第二节　新青年：成为市场争夺新生力量

一、C2M模式"反向定制"：性价比吸引新一代购买力

疫情对线下的阻隔，使得消费者的注意力和购买力迎来新一轮大规模线上集中，促进了企业在数字化方面的投入，包括以渠道数字化、产品数字化、营销数字化为主的业务数字化，即从围绕业务的运营转变为围绕人的运营。C2M是一种新型电子商务互联网商业模式。其核心内涵是定制化，即通过互联网将不同的生产线连接在一起，运用庞大的计算机系统随时进行数据交换，按照客户的产品订单要求设定供应商和生产工序，最终生产出个性化产品的工业化定制模式。

C2M与B2C（Business to Customer，企业对消费者）、B2B（Business to Business，企业对企业）等网络直销模式有较大区别，它以消费者为核心，强调对于消费者的个性化定制；强调消费端拉动生产端，以消费需求为起点，利用网络链接用户，实现用户需求数据与供应商无缝对接，满足消费者对个性化、低价格与高品质的需求。[1]这种模式也可以看作"反向定制"，它的成功运用离不开5G、算法、传感器、大数据等技术的发展。新兴技术能够更准确地监测用户需求，从而有针对性地将产品售卖给消费者。

C2M模式与互联网结合，使得直播带货模式中的"商品源头直销"成为可能。源头直销减免了传统产业链中的一些环节，降低了运输成本、存

---

[1] 董校志. 互联网直销的C2M模式分析［J］. 重庆科技学院学报（社会科学版），2016（12）：51-52.

储成本以及消费者的购买成本，同时商家直播也能构建私域流量，获得用户的留存与复购。根据QuestMobile的数据，快手平台典型的KOL"娃娃服装源头厂"直播带货场均单价为56.4元，场均预估销售额为1554万元。对于新青年消费者来说，C2M模式的新应用还体现在内容付费上。[1]内容生产者根据用户画像为用户量身定制个性化的内容，并通过算法推荐给用户。比如，疫情促使"耳朵经济"兴起，网络音频App大力开发有声小说、广播剧、知识付费等内容产品，为用户提供了娱乐学习新方式。

C2M加速了新青年消费趋势的变化。首先，注重新青年需求，搭建"直播+短视频"的线上销售平台；其次，与电商合作解决疫情期间物流的难题，真正将供应商与消费者联系起来；最后，助力产品的产、供、销有机衔接，助力经济恢复和消费者需求的满足。比如，拼多多通过将C2M模式与其社交商业平台整合，将单个供应商和工厂与消费者内在需求（如地理位置、偏好、行为）相关联，从而实现为消费者带来极具竞争力的价格。拼多多这个直面客户的平台在寻求低价商品的顾客群中颇受欢迎，尤其是在低线城市，这里的消费者一般对价格更为敏感，且更倾向于参加团购。

二、"后浪"汹涌与新生代跃入："95后"新青年用户的参与度提升

普华永道《2020年全球消费者洞察调研》提出了值得关注的7个新兴消费者趋势，其中包括"网络新生代"发掘的新机遇。2020年《后浪》视频在B站播放量突破千万，"后浪"成为跃上历史舞台中央的新生代，日益掌握着更多的话语权。在网络媒体使用和线上消费领域中，也涌入了大量"95后"的新青年群体。根据CNNIC发布的第46次《中国互联网络发展状况统计报

---

[1] QuestMobile：《中国移动互联网2020半年大报告》（PPT）[EB/OL].（2020-07-29）[2021-05-25]. http://www.100ec.cn/home/detail--6565303.html.

告》,"90后"用户在2020年7月达到3.62亿,超越了"80后"成为互联网的主要使用人群。阿里巴巴数据显示,天猫和淘宝快销品消费中人均消费增长最快的亦是这一群体,从2016年至2018年,每年人均消费增长达30%。

网络新生代群体在城镇用户规模上,小镇青年(三线以下)用户规模优势明显。2020年7月已达2.09亿,同比提升2.0%;而都市青年用户规模为1.53亿。[1] 低线城市的新生代未来会成为消费的主力群体,中国国家统计局的数据显示,尽管一、二线城市与低线城市的绝对收入差距仍接近70%,但2019年低线城市的可支配收入增长9.6%,高于一、二线城市的7.9%。

因此,更好地利用更年轻的群众基础就显得尤为重要。事实上,电商平台的"护城河"并不高。根据隐马数研的研究,"目前三大电商平台中,拼多多'95后'用户比例达到了32%,是平台中最高的。对于很多'95后'而言,拼多多可能是其开启网购的大门"[2]。

作为"后浪"抑或是"Z世代","95后"群体在互联网中使用、消费、创造着自身的价值。首先,"90后""00后"对互联网的黏性更强,热衷于使用短视频等新型内容平台,也成为"新国货"在新媒体中更容易影响到的目标群体。其次,"95后"对互联网的使用集中在休闲娱乐、求知学习、审美趣味等方面。支撑着这些网络新生代消费力量的是彰显个人身份和自我表达的思想。网络新生代不仅渴求更多个性化产品或服务,同时还愿为凸显其个性和生活价值的事物支付更高价格。最后,与"80后"等群体不同的是,"95后"在网络中形成了不同的"圈子",每个圈子具有自己的独特文化和独特用语,这种圈子为电商引流提供温床,只需要找到该圈子中的意见领袖即可实现大规模的病毒式营销,比如粉丝经济、社群经济等形

---

[1] QuestMobile研究院.QuestMobile2020年中90后人群洞察报告[EB/OL].(2020-09-01)[2021-05-25].https://www.waitang.com/report/26829.html.

[2] 隐马数研.拼多多:GMV增速真的还重要吗?[EB/OL].(2020-09-22)[2021-05-25].https://xueqiu.com/9849659523/159731500.

态。此外，"95后"群体也善于利用互联网包装自己，成为新兴意见领袖，如哔哩哔哩上各类UP主（博主）以及微博上各类年轻群体的"大V"（经过个人认证并拥有众多粉丝的微博用户）。

三、抓牢基本盘："爆款日用品"的复购率提高

在全球贸易形势不甚明朗的背景下，国内消费将是未来几年的主要增长驱动力。普华永道《2020年全球消费者洞察调研》显示，疫情期间，中国家庭支出增加的三大领域中，食品杂货占比49%。阿里研究院2020年5月发布的《2020中国消费品牌发展报告》显示，线上阿里巴巴零售平台消费品共计16个大类，2019年中国品牌市场占有率达到72%，其中，医药健康、美妆个护、食品行业线上中国品牌市场活跃，市场规模同比增幅领跑总体，增幅分别为38.5%、36.7%和31.5%。

在消费结构升级和市场占有率不断提升的大背景下，国产品牌不断创新，无论是外观还是质量都在不断优化，消费者愿意重复购买的"爆款日用品"层出不穷。正如《QuestMobile 2020新国货崛起洞察报告》所提到的，部分新锐国货品牌从诞生起便蕴含热点概念，比如在手机领域，据虎嗅App数据推测，2020年二季度小米手机复购率约为55%，比2019年二季度增加了10个百分点，这一复购率与小米的生态建构深受年轻人喜好是分不开的。此外，根据《新闻联播》的消息，2020年国庆、中秋"双节"的到来，进一步推高了拼多多近7亿消费者的购物热情。截至10月8日中午12时，拼多多节日期间的实物商品订单量较2019年同期增长81.5%。"双节"期间，拼多多最受欢迎的十大用品包括水果礼盒、牛奶饮品、螃蟹、混合装坚果、女式棉服、白酒、化妆品、智能手环手表、小型厨房电器和婴幼儿纸尿裤。

四、内容营销+社交裂变：实现"口碑传播"

疫情拉大了依附具身交往的社会距离，但公众对新媒体的深度使用却使得媒介距离大幅缩短；同时，家庭成员间的距离也因疫情得以拉近并保持不同以往的稳定。私域流量和社交圈层成为内容营销关注的新手段。《QuestMobile 2020新国货崛起洞察报告》数据显示，产品渠道端由"广域辐射的金字塔式传统渠道"转向了"公域+私域的线上全景流量"，而营销端从"传统+线上广告"转向了"内容营销、社交裂变"。这种转向的过程也是洞察人性的过程，特别是"90后""00后"这样的网络核心群体往往会首选社交化的消费方式。

随着私域流量的崛起，越来越多的品牌绕过平台直接与消费者建立了更加紧密的联系，即"ODM（Original Design Manufacturer，原始品牌制造商）+私域流量+内容营销"，实现零售本质人、货、场的统一。例如，国产美妆品牌完美日记会引导消费者添加已经打造好的IP（Intellectual Property，知识产权）"小完子"为微信好友，再通过这个账号邀请消费者进群和进入小程序，进而打造私域流量，并且通过群内优惠活动以及小完子朋友圈宣传、种草等来增加消费者的黏性与品牌影响力。

同时，社交裂变式的营销也越来越普遍，KOC（Key Opinion Consumer，关键意见消费者）成为关键的营销节点，他们往往能够以更加真实、接地气的方式向身边的人推荐产品，达到良好的营销效果。但同时这种裂变式的传播使得购买某种产品成为进入"圈子"的新型社交货币，新青年群体在这种情况下更倾向于非计划需求、激发式购买，其决策周期更短，更易受到社交圈层的影响。

第三节　新国货、新消费、新突围

一、"人"：新青年的"情怀消费"促使"国潮"成为消费新时尚

随着"80后"逐步步入中年，"90后"开始逐步进入成年阶段，"80后"和"90后"等网络世代不约而同地开始怀旧，看老剧，听老歌，看早已停播的综艺，在消费经典中寻找成长的印记。正如微博上有一段话："李若彤带雕上电视了，朱茵也牵驴出来了，《我爱我家》要拍大电影，心情复杂。"2019年底，优酷发布的一项高清消费报告显示，2019年下半年，看经典剧集的"90后"用户数量超过6000万，同比增加18.2%，贡献了42.7%的观看时长，观看时长同比增加21%。

除了对影视作品的记忆消费的增加，"情怀消费""怀旧消费"也成为各类实物商品的新消费时尚。消费者对"国潮"品牌的好感度正不断增加，尤其是以"90后"为主的年轻一代，正自主自发地进行购买、使用、分享。大白兔、郁美净、北冰洋、回力、百年义利等越来越多的国产老品牌受到追捧，专门销售"'80后'怀旧用品""'90后'怀旧食品"的小店也屡见不鲜。据中国青年报社社会调查中心联合问卷网对2005名受访者的调查显示，67.6%的受访者对老品牌"情有独钟"，66.7%的受访者在生活中会为了"情怀"消费[①]。"情怀消费"主要有以下原因。

---

① 杜园春，高辰辰. 66.7%受访者会为了"情怀"消费老品牌[N]. 中国青年报，2017-06-27（7）.

首先,"情怀消费"能够治愈"90后"新青年过早的年龄焦虑。当今,社会快速发展,各行各业门槛儿越来越高,"90后"和"95后"已经到了该步入社会或者已经步入社会的年龄,生活压力也渐渐增大。当他们怀念以前的美好时光,或者想跟上新时代的步伐却又懒得去跟时,不如看以前的电视剧、听以前的歌、买以前的东西……通过这种心理代偿的方式来转移成长的焦虑。

其次,"国潮"作为全国几代人的共同记忆,不断作为"情怀消费"的载体重新被重视,也在一定程度上凸显了新青年群体民族自信心的不断增长。国货是中华民族文化和现代市场经济的纽带,每一个国货老字号品牌背后,都凝结着民族的智慧和时代的烙印,蕴藏着巨大的社会与经济价值,拥有"国潮"已成为年轻人引以为豪的举动。

再次,"情怀消费"的背后是新青年群体对一些国产老品牌质优价廉的认同,以及对现在市场上部分商品质量不佳却价格昂贵的不满与质疑。国产老品牌之所以能够受到消费者的追捧,就是因为质量过硬、包装朴素、价格公道,这和现在很多商品包装花里胡哨,质量乱七八糟,价格却十分昂贵形成了鲜明的对比。

新青年群体的"国潮"消费正引领新一轮改革运动,演绎一种全新的、时尚的、前卫的生活方式和消费方式,"国潮"运动让根植于中国悠久历史的古典美学,以新东方美学之姿成就了新一代国货,让中国风成为一种国际范儿,也正因如此,消费者对本土品牌的自豪感正日益提高,民族自豪感正内化为消费者的选择机制。正是在这种大趋势下,越来越多的国货老字号选择乘风而起,以惊人的成绩焕发"第二春",在线上迎来一个又一个爆红故事,比如,2020年上半年百雀羚在拼多多销量飙升10倍,还将推出定制化的"拼品牌";回力被"95后"抢购,一个月内在拼多多上卖出13万双回力鞋。

二、"货"：新国货"种草"能力强，实现从"人找货"到"货找人"

百亿补贴2.0时代的新国货"种草"能力非同一般。国货有良好的口碑基础，在计划经济时代和改革开放之初留下来的一代又一代人的集体记忆、情怀，再加上随着疫情在全球的肆虐，中美经贸领域摩擦不断，国内经济内循环势在必行，这使得越来越多的年轻人发现很多不起眼的国货原来可以堪比大牌，性价比超高。很多国货产品既便宜又好用，"国货之光"吸引了很多年轻人的眼球，"种草"能力远超近年来出现的产品和品牌，并且有强大的用户品牌黏性。

同时，由于近年来国货不断推陈出新，在个性化和小圈子化上不断进行精细化运营，所谓"国潮"，一方面是符合中国的传统审美，另一方面是要能和年轻人的审美趋势相结合，赢得新青年群体的喜欢。尼尔森报告显示，超过62%的年轻人更愿意选择国货，他们更看重的是一个品牌让自己的个性化得到了什么体现，是否符合年轻人的圈层属性，而不是品牌本身有多么高高在上[1]。

"货找人"的社交电商新模式助力新国货。以前是"人找货"，用户到处去找心仪的产品，这种模式是以货为中心，通过既定的渠道流通至终端门店，消费者在给定的商品中进行选择、购买。此模式缺乏用户画像与需求感知能力，很容易盲目生产，而厂家主观预测生产，商家主观预测订货，出货相对周期长、批量大。而现在则变成了"货找人"模式，这种模式是以人为中心，在用户画像基础上挖掘用户需求，以丰富、灵活的场景，引导、吸引用户购买。

---

[1] 68% 中国消费者爱买国产品牌 尼尔森报告：中国品牌迎来春天 [EB/OL]．（2019-08-14）[2021-05-25]．https://fashion.sina.com.cn/s/in/2019-08-14/1124/doc-ihytcitm9076893.shtml．

在此模式下，通过内容营销和社交链接，可以对用户的画像进行准确描述，按需生产，用户参与到产品的设计中，通过分布式AI（Artificial Intelligence，人工智能）发掘可能存在的消费需求，再通过社交裂变的方式实现"口碑传播"。而厂家则可以基于数据分析预测生产，直接面对消费者，逐渐小批量、多批次快速响应需求及变化，可以充分发挥技术优势，逐步加强信息、物联网、5G技术在生产体系中的应用，实施更精准的产业升级。如拼多多借助人工智能和社交分享手段，通过分享让货找到合适的人，取消中间商，缩短供应链，打造爆款，通过用一个生产模具生产更多的货品来降低成本的方式以及利用人以群分的模式降低获客成本，从而实现了没有中间商赚差价、厂家直面消费者的价格最低的电商新模式。

三、"场"：新型电商平台构建了新的体验场和信任空间

传统线下的购物仅仅是钱货交易的买卖阶段，是一种效率场，而随着民众的购买行为越来越转移到网络上，人与人互动连接下的线上体验消费场随之而诞生。随之发生变化的是，消费者面对的购物消费场景更加碎片化，不再是"东市买骏马，西市买鞍鞯，南市买辔头，北市买长鞭"，而是在任何好的体验场景下都可能进行碎片化消费。

如果电商平台只是做成了线下买卖交易的效率场，用户只是面对一个冷冰冰的电脑机器（商家），两者之间的关系便是赶快交钱与交货，即使在整个购物过程中有客服、有用户评价甚至问答功能，仍然难以改变消费者与商家双方没有温度的角色关系。新型电商平台在不断构建着自己的新型消费场景，当消费者不再为了交易（购物）而交易的时候，碎片化的互动式消费提供了更好的体验场。在这个体验场中，互动可以带给消费者的不仅是满足购买的欲望，而且是产生更多的附加价值和心理体认——获得感、

参与感、存在感以及归属感，正如买椟还珠的故事，这样才真正能拴住消费者"心猿意马"之心。

除了在公域的陌生人场景中，新型电商平台还必须让消费者在私域的熟人场景中同样能获得互动价值，因为好的推荐者是能给用户带来互动价值的体验场，而不是成为以往在平台售卖的纯商家（商家只是换了一个经营场地，并未转化成推荐者角色）。在整个精细化经营过程中，推荐者依旧要能与受众产生互动价值，而不是冷冰冰地不断推送商品链接，因为互动可以让人与人之间充满更多可能，也让交易有了新价值。

因此，从这个意义上说，如果品牌是一把手枪，场景就是扣动品牌子弹的扳机。不考虑用户场景光靠观察数据的厂家会误解用户需求。在营销学中，也有类似的观点，场景思维即货架思维："商品或品牌的信息，和消费者发生沟通的地方，都称为货架。这个世界就是一个充斥着货架的世界。"对场景之于运营的重要性，最有甚者是《流量池》一书中的概括，"场景营销就是让品牌这个玄而又玄的东西能够迅速接地气、带流量、出效果的关键"。如以拼多多为代表的新型电商平台通过打通数据壁垒，使品牌和产品全、准、快地了解消费者，赋能人、货、场重构，新电商平台"反向定制"产品，采用的是C2M模式等新型体验感受，提升消费体验的同时，最大化品牌产出和运营效率，消费者能在其中放心地以极致性价比买到自己需要的商品，同时老字号可以借"国潮"抓住自主创新、弯道突围的机会，重回一线。

如今，许多C2M产品成了爆款"新国货"，创造出消费新需求。"国潮"之下，只有不断进行渠道创新，用品牌年轻化战略，开发更适合年轻人群、新电商人群的专供产品，才能实现以需定产。如通过拼多多平台多达6亿的活跃用户与海量大数据分析，百雀羚精准进行"反向定制"，打造出爆款"新国货"，创造出了消费新需求，代表着新技术、新设计、新功能、新体验，即便和国外大牌相比，也很有竞争力，引领着新的消费潮流。

第四章　新传播时代图书消费新势力分析：新青年阅读报告（2021）

"全民阅读"的概念近年来被广泛提及，在新传播时代，新青年成为图书消费新势力，用户数和消费力双升。从代际上看，年轻一代对数字产品的接受度更高，人均阅读时长增长迅速，图书消费年轻化趋势明显；从区域上看，城乡居民的阅读量整体提升，三、四线城市阅读时长增速加快，图书消费市场的下沉与新青年用户阅读习惯的集合，是未来图书消费的趋势之一，知识普惠消弭城乡阅读鸿沟；从阅读特点来看，新青年对于阅读重要性的认知程度高，更爱买教育类书籍，购书、读书自主性显著增强；从阅读渠道来看，有声书成为数字化阅读新习惯，阅与听并重；同时，电商直播和短视频成为新青年图书消费的新渠道，线上购书平台、数字阅读平台和网络阅读社群也成为全民阅读不可替代的重要推动力量。

第一节　研究背景：新传播时代图书消费新势力

自从2014年提出以来，"全民阅读"的概念连续八次被写入政府工作报告。2021年，政府工作报告指出，要"推进城乡公共文化服务体系一体建设，创新实施文化惠民工程，倡导全民阅读"。

如阿尔维托·曼古埃尔在《阅读史》中所说，以阅读的文本和介质为中介物，"作者、读者和外部世界，在阅读的活动中彼此互相映照，将阅读活动的意义扩大到人类在实践中的所有活动"。阅读的界定可分为三类：广义的阅读，即对周边世界的广泛的认知性阅读；狭义的阅读，即传统阅读，即书籍阅读或纸质阅读；相对广义的阅读，即信息社会中的所有媒介的信息性阅读[1]，是人从符号中获得意义的一种社会实践活动和心理过程，既包括传统纸质阅读也包括数字化阅读。

中国新闻出版研究院提出的"书香社会指标体系"确立了25项具体指标，包括居民阅读水平，即阅读量、购书量和阅读观念，以及阅读公共服务水平，即公共服务普及度、利用度和满意度。[2]有学者分析了从2006年至2020年"全民阅读"的关键词信息，发现在十多年的全民阅读推广与书香社会建设过程中，形成了多主体参与的推广模式，主体包括政府、民间组织以及阅读推广人等。其中，政府部门是顶层设计者，图书馆是主要推动者，出版社和书店作为桥梁连接着读者和作者。[3]在新青年新消费时代，线上购书平台、数字阅读平台和网络阅读社群也成为全民阅读不可替代的重要推动力量。

青年群体的阅读倾向和行为、阅读能力的高低将直接决定其创造力水平，影响着国家和民族的未来[4]。喜欢阅读政治经济社会问题、科学技术、新锐前卫话题、诗歌散文以及与学科专业相关的内容的青年个体，长此以

---

[1] 刘德寰，郑雪，崔凯，等. 数字化时代对国民阅读影响的文献综述[J]. 广告大观（理论版），2009（2）：51-57.
[2] 中国新闻出版研究院"书香社会指标体系"课题组. 书香社会阅读评估指标体系建设[J]. 科技与出版，2019（8）：6-9.
[3] 谢梅，赵春岚，凡秦林，等. 全民阅读研究的知识图谱：学术史、现状以及发展趋势[J]. 西南民族大学学报（人文社会科学版），2021，42（9）：232-240.
[4] 朱丹. 全民阅读现状分析与引导途径研究[J]. 图书馆学研究，2011（2）：48-51，94.

往，具备较高水平创造力的概率越大[①]。因此，本章根据行业研究结果进行归纳分析，旨在发现不同地区、年龄段的新青年购书习惯、图书阅读喜好等，全面洞察新青年的读书方式和态度，助力知识普惠，服务全民阅读的国家发展战略，提升全民素养，实现精神文明高质量发展。

第二节 新青年成为图书消费新势力：用户数和消费力双升

《2021年新青年阅读报告》表明，在纸质图书阅读群体中，新青年比例达到43.6%，这意味着互联网核心群体对于传统纸质阅读的接触和使用并没有因为代际的区隔而消减；同时，他们对于数字介质阅读的接受程度会更高，在数字阅读群体中占比为57.9%。新青年不仅是图书消费新势力，也是数字阅读内容创作的主力，当前"90后"作者的占比已经高达58.8%[②]。

一、新青年的图书消费用户和消费力双升

图书消费用户的年轻化趋势明显。2020年，国内图书阅读率为60%左右，受到疫情等多方面影响，图书阅读已经渗透入大众的生活，阅读人数不断增加。2020年图书消费用户增速相较于2019年增长了3.8倍，其中主要是"95后"的新青年群体，新青年群体占比从2018年的16.4%提升到2021年上半年的18.1%。

---

① 吴哲.青年群体阅读倾向性对创造力的影响研究［J］.中国出版，2020（15）：46-49.

② 段菁菁，冯源.2019年度中国数字阅读白皮书：中国数字阅读用户总量达4.7亿［EB/OL］.（2020-04-23）［2021-05-25］.https://www.gov.cn/xinwen/2020-04/23/content_5505479.htm.

2020年我国国民人均纸质图书阅读量为4.7本，"95后"人均纸质图书阅读量为5.3本，比2019年有所增长。在购买数量上，年均购买超过8本以上的人群中，新青年群体的占比也是最高的，达到了43.4%。根据某全品类网络购物平台的相关数据，新青年图书消费潜力不断攀升，"00后"展现了很高的消费潜力，消费规模快速增长，仅在2021年上半年，该平台"00后"消费规模增速已达到65%[1]。

在内容类别上，新青年群体对图书消费具有较高的消费潜力，规模也快速增长，由于他们正面临着升学、求职等关键节点，对技能类、教辅类图书和自我实现类书籍需求量大。从市场分布上看，图书消费增长最快的区域主要集中在下沉市场，集中在三、四线以下城市和县乡镇的新青年群体。县乡镇以下区域新青年用户增长比例比一线城市高20%以上，说明图书消费市场的下沉与新青年用户阅读习惯的集合，是未来图书消费的趋势之一。

二、新青年是数字化阅读的主力军，有声书成为阅读新习惯

新青年成为数字化阅读的主力军。根据第十八次全国国民阅读调查数据，在我国成年数字化阅读方式接触者中，"90后"群体占31.0%，"80后"群体占23.2%[2]。根据某月活跃用户数量为1.4亿的平台统计数据，2020年，该平台数字阅读的用户年龄结构更趋年轻化，"90后"用户占比达八成，成为第一大阅读群体，其中"00后"用户占比接近五成。特别是在疫情期间，

---

[1] 刘蓓蓓.上半年"00后"读者图书消费规模同比增65%[EB/OL].（2021-08-09）[2021-10-24]. https://www.chinaxwcb.com/info/573835.

[2] 第十八次全国国民阅读调查成果发布[EB/OL].（2021-04-26）[2021-05-25]. https://www.nppa.gov.cn/nppa/contents/280/75981.shtml.

"90后"用户的活跃度大幅提升，养生、医学、科普类题材书籍的下载量较同期增幅较大。①

有声书成为新青年逐渐发展的阅读新习惯。以2020年为例，我国有三成以上的成年人有听书习惯，其中17.5%选择"移动有声App平台"，10.8%的人选择"微信公众号或小程序"，10.4%的人通过"智能音箱"听书；在"05后"未成年人群体中，听书率也达到了32.3%。②声音通道是信息传播的重要渠道，人工智能合成语音技术的发展为"听书"供需双方提供了技术上的便利；声音的伴随属性，也在家庭传播亲代与子代的关系中发挥了作用。

三、城乡居民的阅读量整体提升，青年群体增长明显

根据第十八次全国国民阅读调查数据，我国城乡成年居民图书阅读量均有所增长。2020年，城镇地区居民的纸质图书阅读量为5.54本，农村居民的纸质图书阅读量为3.75本，全体居民的纸质图书阅读量为4.70本；其中，有11.6%的居民年均阅读10本及以上纸质图书。③ 2020年，我国农村地区收货地址的图书订单量和交易额增速达180%，乡村中小学增速为152%。"拼书"消费最多的前五个地区分别为广东、山东、河南、江苏和河北；增长最快的前五个省（市、自治区）分别为新疆、西藏、上海、北

---

① 李乔宇. 数字阅读用户年轻化趋势凸显 掌阅发布报告显示90后用户占比已达八成［EB/OL］.（2021-01-13）［2021-05-25］. https://baijiahao.baidu.com/s?id=1688774799498868276&wfr=spider&for=pc.

② 第十八次全国国民阅读调查成果发布［EB/OL］.（2021-04-26）［2021-05-25］. https://www.nppa.gov.cn/nppa/contents/280/75981.shtml.

③ 第十八次全国国民阅读调查成果发布［EB/OL］.（2021-04-26）［2021-05-25］. https://www.nppa.gov.cn/nppa/contents/280/75981.shtml.

京和青海。①一、二线城市的读者都对读书充满渴望，乡村地区成为图书消费的增量市场。

同时，在快节奏的社会中，人们阅读更加注重"深阅读"和持之以恒。根据某网络购物平台数据，消费者人均购书超过4本，购书金额在300元以上，其中有14.6%的读者一年购买了20本以上的图书；某平台线上读书数据也显示，近五成读者年度阅读量高于10本，近三成读者每天阅读时长超过1小时。②此外，有30%的消费者购书5本以上③，更多读者在书池里定向"狂欢"，不乏新读者在购买出圈的一本书后，持续购买整套系列丛书，形成了"普惠式消费"。

四、新青年人均阅读时长逐年增加，三、四线城市阅读时长增速加快

新青年群体周均阅读时长为2.5小时，相较于2019年的2.3小时左右有所增长，这说明随着疫情防控力度加大，新青年群体的户外活动形式和时间结构明显变化。而不同地域的新青年在阅读时长上也有所区别，一线城市新青年周均阅读时长要多于三、四线城市新青年周均阅读时长0.5小时，即每周一线城市的新青年要比三、四线城市新青年多看30分钟的书，但三、四线城市新青年阅读时长增速却超过一线城市新青年阅读时长增速的

---

① 拼多多发布《2020多多阅读报告》掀起全民读书热［EB/OL］.（2021-04-21）［2021-05-25］. https://baijiahao.baidu.com/s?id=1697614411990255199&wfr= spider&for=pc.

② 2021京东阅读大数据：阅读习惯发生了哪些变化［EB/OL］.（2021-04-22）［2021-05-25］. https://baijiahao.baidu.com/s?id=1697743213511684081&wfr= spider&for=pc.

③ 拼多多发布《2020多多阅读报告》掀起全民读书热［EB/OL］.（2021-04-21）［2021-05-25］. https://baijiahao.baidu.com/s?id=1697614411990255199&wfr= spider&for=pc.

24%，说明三、四线新青年的阅读时长在不断增加，这些的确是未来阅读市场的新兴空间。

第三节 新青年的阅读现状：多元而精彩纷呈

一、新青年对于阅读重要性的认知最高，追求"精神财富"

在阅读认知方面，根据第五次全国国民阅读调查报告，人们对阅读重要性的认知程度整体较高，将近七成的民众认为，当今社会阅读是重要的，其中男性和女性在对阅读重要性的认知上差别不大；而城镇人口对阅读重要性的认知比农业人口略高；高学历群体对阅读重要性的认知比低学历群体更高。从代际上看，"90后"的年轻人对阅读重要性的认知要显著高于其他年龄段的群体。[1]

根据2021年第四期中国青年阅读指数，青年阅读需求指数排名前三的阅读域是文学阅读域、哲学及社会科学阅读域和历史阅读域。[2] 在数字阅读平台和图书平台的年度读书榜单中，小说、文学、社会类书籍受到了不同性别、不同年龄段的读者群的欢迎，最受关注的书籍大多关注全球化进程

---

[1] 李星星."第五次全国国民阅读调查"结果出炉［EB/OL］.（2008-07-29）［2021-05-25］. https://www.chinaxwcb.com/info/20813.

[2] 陈妙然.最新中国青年阅读指数发布：文学、哲学及社科、历史阅读排名前三［EB/OL］.（2021-08-25）［2021-10-24］. http://www.ynsxwcbj.gov.cn/html/2021/xinwenchuban_0825/2782.html.

中个体与外部世界的宏大命题，以及审思问题的视角与路径。①② 可见当下新青年对于"精神财富"的追求。

二、新青年更爱买教育类书籍，兼顾自我提升和下一代教育

"阅读不仅是丰富自身文化的手段，也能反映出不同人生阶段所面临的生活变化。"相关数据显示，"90后"更多人喜爱阅读小说；"80后"更多人喜爱阅读励志与成功类的书籍；而"70后"阅读童书等下一代教育类的书籍占比更高。③根据主要品类书籍在不同人群的销量TGI（Target Group Index）指数④，"85后"群体中童书和中小学教辅销量增高；"95后"群体中励志与成功类书籍销量增高。⑤

进一步细分，"00后"偏好计算机编程、考试教材、外语类书籍；"90后"偏好育儿、经济管理、励志类书籍⑥；"80后"图书消费人群中，五成以上的美食和军事类书籍被男性读者购买，而七成以上的童书和管理类书籍由女性读

---

① 豆瓣2020年度读书榜单来了 上榜260本 有你想读的吗？[EB/OL].（2020-12-23）[2021-11-30]. https://finance.sina.com.cn/tech/2020-12-23/doc-iiznctke8019535.shtml.
② 秦胜南.第二季"多多读书月"发布图书排行榜[EB/OL].（2021-09-24）[2021-11-30]. https://baijiahao.baidu.com/s?id=1711762262476695329&wfr=spider&for=pc.
③ 2021京东阅读大数据：阅读习惯发生了哪些变化[EB/OL].（2021-04-22）[2021-05-25]. https://baijiahao.baidu.com/s?id=1697743213511684081&wfr=spider&for=pc.
④ TGI指数是反映目标群体在特定研究范围（如地理区域、人口统计领域、媒体受众、产品消费者等）内的强势或弱势的指数。
⑤ 鲁大智.2020京东读书报告发布：疫情改变了阅读习惯[EB/OL].（2020-05-21）[2021-05-25]. https://culture.gmw.cn/2020-05/21/content_33846385.htm.
⑥ 刘蓓蓓.上半年"00后"读者图书消费规模同比增65%[EB/OL].（2021-08-09）[2021-10-24]. https://www.chinaxwcb.com/info/573835.

者购买。①同时,"85后"也是绘本书籍的购买大户,并且在电商直播和物流运输的推动下,越来越多的农村地区读者开始选择为下一代购买优质绘本。②

三、新青年男性用户人均图书消费高,女性用户数量增加快

根据艾瑞咨询发布的2020年中国图书市场研究报告,新青年中图书消费男性用户人均图书消费金额高于女性用户,约为48.9元,但近年来女性用户数量在显著增长。图书消费女性用户在2019年和2020年均超过男性用户,2020年高出13%,相较于2018年更是高15%左右。③在购买图书的方式上,新青年的读书自主性显著增强,近六成的男性和四成的女性读者表示不会简单根据图书销售榜单来决定购买行为。

从阅读品类来说,"85后"女性更乐于经济管理、专业学习、运动健身类的书籍。《2021京东阅读数据报告》显示,近年来女性购买青春文学、外语、育儿类书籍的比例有所降低,而购买经济管理、法律、心理学、机器学习等专业性强的"硬核"书籍的比例增长④,女性主义相关的书籍也逐年更受欢迎⑤。

---

① 2021京东阅读大数据:阅读习惯发生了哪些变化[EB/OL].(2021-04-22)[2021-05-25]. https://baijiahao.baidu.com/s?id=1697743213511684081&wfr=spider&for=pc.

② 京东发布全民阅读指数:经济越发达的地区图书消费越高[EB/OL].(2018-04-23)[2021-05-25]. https://baijiahao.baidu.com/s?id=1598552146830047161&wfr=spider&for=pc.

③ 艾瑞咨询.2020年中国图书市场研究报告[EB/OL].(2021-04-19)[2021-05-25]. https://m.thepaper.cn/baijiahao_12273213.

④ 2021京东阅读大数据:阅读习惯发生了哪些变化[EB/OL].(2021-04-22)[2021-05-25]. https://baijiahao.baidu.com/s?id=1697743213511684081&wfr=spider&for=pc.

⑤ 拼多多发布《2020多多阅读报告》掀起全民读书热[EB/OL].(2021-04-21)[2021-05-25]. https://baijiahao.baidu.com/s?id=1697614411990255199&wfr=spider&for=pc.

四、新青年阅读态度与所处行业挂钩

在新青年群体里，从事金融、互联网行业的群体在购买图书的种类上主要集中在励志与成功、管理、考试等三类图书上，通过充电来不断维持和提升自己的事业现状；而自由职业新青年群体购买的图书更多集中在小说、文学、青春文学等相对休闲的图书上，"阅读享受生活"的需求更强烈，更愿意花时间享受生活，追求更为丰富的精神世界。

第四节　新青年的阅读特点：新颖、新奇和新潮

一、知识普惠消弭城乡阅读鸿沟

物质富足和精神富足同样重要。党的十九大报告从精神与思想层面对文化扶贫进行了论述，认为要精准识别文化扶贫对象，结合地区文化缺失情况，通过文化对接、阅读推广和精准管理，实现在文化层面的扶贫。[1] 根据拼多多发布的《2020多多阅读报告》，2020年来自原三州三区地区的图书拼单量增速达182%[2]，得益于物流最后一公里的畅通和移动支付的便利，图书和知识产品的"强对流"为更多人提供了扩展精神世界的桥梁。

---

[1] 顾润德.文化精准扶贫战略下农家书屋阅读推广研究［J］.图书馆研究与工作，2018（5）：49-52.
[2] 拼多多发布《2020多多阅读报告》掀起全民读书热［EB/OL］.（2021-04-21）［2021-05-25］.https://baijiahao.baidu.com/s?id=1697614411990255199&wfr=spider&for=pc.

在某购物平台来自全国各地的订单中，广东、山东、江苏等人口大省的图书拼单量位居全国前列。其中来自北、上、广、深等一线城市的拼单量占比最高，来自乡镇农村的拼单量也占到总数的两成，知识阅读的城乡鸿沟正在不断缩小。

同时，"阅读推广人"是指通过线上线下多种渠道、形式和媒介向公众传播阅读理念，提升公众阅读兴趣和阅读能力的个体或组织阅读机构。新青年群体应积极担任"阅读推广人"的角色，推广全民阅读工作，服务大众、普惠知识，让更多不同职业、不同地区的人成为有温度的阅读体验者和分享者。

二、新青年注重阅读，线上线下购书增多，阅与听并重

"听书"或者有声书等数字化阅读形式，成为新青年当下阅读的重要形式。有声读物、播客、广播剧、知识付费等各品类的优质有声阅读内容，正在逐渐培养用户在同一平台"看书"和"听书"的习惯，如微信读书、喜马拉雅等平台，阅与听并重。声音有望成为未来传播的主力介质。随着人工智能、语音合成声控技术等的发展，未来的"感知智能"还将从用户的声音中体察用户的情绪状态，在场景推送之外实现精准的兴趣和情感推送。有声读物的智能合成语音的选择多样，各类智能音箱也越来越方便人们以语音作为传播的主要方式。[①]听书可以集中碎片化时间，构建多任务状态下的伴随场景，成为新青年吸收新知识、扩展阅读时间的有效方法。

---

① 喻国明，王文轩，冯菲．"声音"作为未来传播主流介质的洞察范式：以用户对语音新闻感知效果与测量为例［J］．社会科学战线，2019（7）：136-145，282．

三、电商直播和短视频成为新青年图书消费的新渠道

新青年群体大部分属于互联网核心群体，有着宅和二次元属性，他们大部分使用感官刺激型的媒介接触社会、获取资讯，有超过50%的图书消费用户曾经观看过图书的电商直播和短视频营销推荐。2020年，由于疫情防控力度加大，用户宅家时间变长，大大提高了用户观看电商直播和短视频的频率，电商直播和短视频成为新青年群体重要的营销方式，同时图书的质量也很容易通过视频的方式直观呈现。2020年中国图书市场研究报告显示，54.2%的用户观看电商直播的频率增加，63.2%的用户观看短视频的频率增加[1]。一些图书平台也顺应这一趋势，加大资源投入力度，积极邀请作者、作家、大咖在平台直播提前造势，营造沉浸式阅读环境，延展新青年图书购买舒适体验。

四、"25小时"购书习惯是新青年图书消费新趋势

"用24小时生活，用'第25小时'购物"是近年来新青年主要的消费习惯改变。近年来，线上购物已经成为人们的消费习惯，特别是电商直播的发展及其陪伴性、交互性、情感营销的特征，也使得消费时间趋势出现了"多高峰、多频次"的特点，睡前时间段成为消费的高峰时间[2]。图书购买也存在相似的趋势，即睡前22点左右是图书购买的高峰期，最容易产生

---

[1] 艾瑞咨询.2020年中国图书市场研究报告［EB/OL］.（2021-04-19）［2021-05-25］. https://m.thepaper.cn/baijiahao_12273213.

[2] 任翀.淘宝公布24小时生活数据"睡前消费"成购物新潮［EB/OL］.（2014-05-23）［2021-05-25］. http://www.hnr.cn/finance/cjsd/201405/t20140523_1193065.html.

购书欲望；而另一个高峰期则是上午 8—9 点，这对"95 后"来说是通勤时间，而对"00 后"来说是上课时间（如图 4-1 所示）。

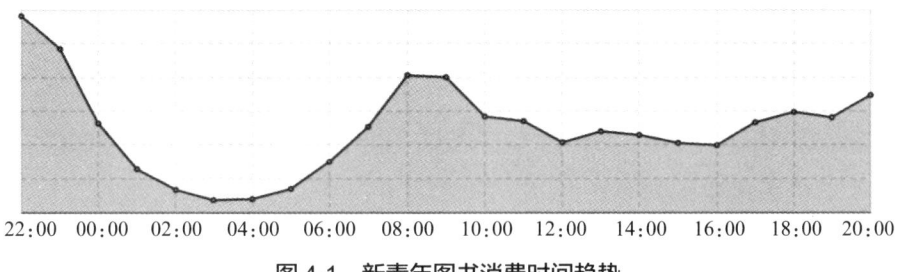

图 4-1　新青年图书消费时间趋势

第五章　新青年时尚消费趋势发展报告（2021）

在现代社会中，时尚与消费通常密不可分，时尚作为一种文化现象，通常指"一个时期内相当多的人对特定趣味、语言、思想和行为等各种模型或标本的随从和追求"[1]。在时尚消费中，消费的符号属性被突出，商品和服务的象征意义或文化内涵已经具有特殊的重要性，并在一定程度上从商品和服务的"客观性"价值中独立出来形成独特的系统，在人们的消费过程中扮演了重要的角色[2]。近年来，各大热门领域的时尚潮流文化崛起，新青年群体对时尚有着迫切需求，也为时尚产业的未来谋划出一片生机无限的发展蓝图。从服装、配饰到家居好物等，基础功能的更新换代已不满足于新青年的需要，"颜值至上"的内卷风潮也开始走向各个领域。

《2021新青年时尚消费趋势发展报告》作为行业报告，根据问卷调查与行业研究结果，对不同地区、不同年龄段的年轻人对服饰品牌偏好、穿衣风格喜好、时尚家居等购物习惯进行精准洞察与分析。同时通过分析年轻人喜欢的潮玩元素、可接受价位区间等细节信息，全面洞察新青年

---

[1] 周晓虹.模仿与从众：时尚流行的心理机制[J].南京社会科学，1994（8）：1-4.

[2] 汪新建，吕小康.时尚消费的文化心理机制分析[J].山东大学学报（哲学社会科学版），2005（2）：155-160.

追逐时尚的方式和态度，凸显新青年消费心智的同时，体现越来越多的新青年消费者在网络和社交媒体平台上购买时尚品牌、追随潮流前线的新趋势。

第一节 新青年成为时尚消费的主力军

《2019中国潮流消费发展白皮书》调研数据表明，新青年在时尚领域的消费金额贡献逐年增大，"90后""95后""00后"潮流市场的消费规模占比达到八成[①]，另外，相较于高年龄段的消费者展现了更大的爆发力及未来发展潜能，成为时尚行业增速发展的重要消费驱动引擎。

一、全球时尚行业市场低迷，中国市场成为引领复苏的先锋

全球时尚行业经过近十年快速发展后，增长速度开始放缓，部分时尚品牌出现关闭门店甚至倒闭破产的现象，如ZARA、H&M等快时尚品牌关闭多家位于北京核心商圈的门店，FOREVER 21、ROBERTO CAVALLI等多家时尚品牌破产等。而新冠疫情的发生加剧了全球时尚行业的艰难局面，各地大规模的封锁以及主要市场旅游业停摆使得时尚行业，尤其是奢侈品行业陷入困境，欧洲市场衰退加剧，日本和亚洲其他地区的奢侈品销售总额同样有所下滑，同时全球范围内的消费者情绪依然较为低迷。根据贝恩公司的调研数据，仅2020年一季度全球个人奢侈品市场销售额就下

---

① 2019中国消费发展白皮书：90后、95后与00后规模占80%（可下载）[EB/OL］.（2019-12-15）[2021-05-25］. https://baijiahao.baidu.com/s?id=16529507702918171 63&wfr=spider&for=pc.

降25%，预计全年市场规模缩减20%至35%①，如何应对后疫情时代的经济波动、不确定性和变化成为全球时尚行业面临的最重要问题。

然而，在全球低迷的大背景下，中国时尚行业仍在快速发展，成为引领全球时尚行业复苏的先锋。一方面，消费带动国内经济复苏，成为经济增长的重要推动力，中国市场的消费升级革命速度加快，同时占据时尚电商发展成熟的优势，在一定程度上保障了中国时尚行业在疫情冲击下仍能快速扩张；另一方面，受到疫情、中国进口关税不断下降等因素影响，海外时尚产品消费回流，以海南免税店为例，2020年全年海南离岛免税店实际销售总额超过320亿元②，在中国的时尚市场规模增长强劲。

二、新青年经济实力强劲，消费观念开放

作为生长于全球经济高速增长时期的群体，新青年通常拥有较高的经济和消费能力，根据2020年调研数据，超过七成受访新青年月可支配收入在3000元以上，且收入的主要来源多为自己而非家人支持③。同时由于生活压力相对较小，他们在消费观念上更为开放，消费时更为自由随性，更乐于接受超前消费、分期购买等多元的消费支付方式，是"敢赚又敢花"的"剁手党"。这些使得新青年成为时尚消费领域不可忽视的重要经济力量。

---

① 2020年全球奢侈品行业研究报告春季版发布［EB/OL］.（2020-05-13）［2021-05-25］. https://www.sohu.com/a/394804202_514126.

② 周晓梦."十三五"期间，海南离岛免税店销售额快速增长，2020年总销售额超320亿元［EB/OL］.（2021-01-14）［2021-05-25］. https://www.hainan.gov.cn/hainan/5309/202101/78dfe50b51b24deca764a259cc794c32.shtml.

③ 艾媒咨询.2021年Z世代美妆护肤消费洞察报告［EB/OL］.（2021-03-20）［2021-05-25］. https://report.iresearch.cn/report/202103/3748.shtml.

三、"X面"成为新青年专属标签，追求个性化与自我表达

作为网络核心群体的一代，新青年通过互联网受到多元文化的熏陶，因此他们的理念更加个性化和多元化。在生活态度方面，他们更加追求个性化和差异化，对生活拥有独特的理解，在关注产品及品牌的同时关注其背后所蕴含的概念文化，不盲从，不跟风，能够坚持自身的选择。同时，他们追求刺激和新鲜，乐于接受并尝试新鲜事物，既拥有极强的目的性和主动性，也拥有极强的学习能力，能快速适应技术发展。在表达方面，他们一方面更加关注自我，享受孤独，极善于自我表达；但另一方面，他们乐于分享自身感受和态度，追求高效有价值的交流沟通，希望通过分享寻求更深层的社交关系和认同。

第二节 新青年时尚消费现状

新青年的时尚消费不仅体现在传统的时尚品类消费，如服装、鞋靴，而且在"衣食住行"等多元生活必需场景皆体现出了新青年对于时尚的追求和态度。

一、时尚消费成为新青年消费行为中的关注焦点

作为表达生活态度和获得满足感的重要方式，时尚消费在新青年消费行为中占据越来越重要的位置，在2020年中国新青年消费者关注的内容领域分布中，购物时尚以44.69%的受访者关注占据首位，成为关注

焦点，而与时尚消费紧密相关的美妆也以30.17%的关注位列第四[1]。而在实际消费行为中，约40%的"90后"新青年每周至少购买一次时尚单品，中高价位时尚消费品购买人数占多数[2]。在购买基础时尚品类的基础上，彩妆、香水、配饰等升级时尚产品成为新青年时尚消费的新兴关注点。

二、文化元素作为时尚符号，文化自我认同成为时尚消费参考

突出展现文化元素和符号的时尚产品正在快速获得新青年的喜爱。具体来看，在穿着方面，古风服装销售维持高速增长，2020年上半年，原创汉服在拼多多平台小众服饰类目中增长最为迅猛，较2019年同比增长了30倍[3]。同时汉服发展成为一种圈层文化，逐渐在各线城市兼容普及，出现向常服发展的趋势。在饮食方面，2021年大量中式茶饮和面馆店铺快速扩张，中式茶饮预计在2022年市场规模达到3092.56亿元，而中式面馆在2021年初达到110万家[4]，中式饮食成为线下餐饮消费的新热点。在文创IP方面，如故宫、敦煌等文创IP在新青年群体中大火，"考古盲盒"成为新青年竞相收集的潮流玩物，博物馆文创迎来春天，2021年天猫"双11"开售首

---

[1] 艾媒咨询.艾媒咨询 | 2021年中国新消费发展趋势研究报告［EB/OL］.（2021-12-30）［2022-10-20］. https://baijiahao.baidu.com/s?id=1720555875745556562&wfr=spider&for=pc.
[2] 艾媒咨询.2018年90后时尚生活形态研究［EB/OL］.（2019-01-29）［2021-05-25］. https://report.iresearch.cn/report/201901/3330.shtml.
[3] 国风大比拼，拼多多"国潮市集"全方位实现年轻人"赶潮"需求［EB/OL］.（2020-07-10）［2021-05-25］. https://www.fromgeek.com/retail/329733.html.
[4] 艾媒咨询.艾媒咨询 | 2021年中国新消费发展趋势研究报告［EB/OL］.（2021-12-30）［2022-10-20］. https://baijiahao.baidu.com/s?id=1720555875745556562&wfr=spider&for=pc.

日，博物馆文创同比激增超400%，成为当年最大的黑马之一[①]。同时，相关IP也在不断尝试各种渠道触及新青年消费者，故宫旗下品牌故宫文具入驻拼多多，敦煌壁画与拼多多合作推出了首发联名款汉服，多省市"非遗馆"纷纷进驻拼多多，以此拉近与新青年消费者之间的距离。

三、兴趣作为悦己消费重点，专业性成为重要的时尚消费追求

对新青年时尚消费人群而言，兴趣成为重要的时尚消费标准。在兴趣养成上，他们的目标更为明确，主动性更强，因此他们对时尚产品的诉求更强，更加追求对兴趣爱好的功能进行专业细分，既要满足基础时尚需求，也要满足专业功能的体验。所以，运动时尚类产品以及兴趣专业类产品，如钓鱼用具、野营用具等在近年间销量快速增长。在拼多多平台上，简洁、干净的日式山系户外风格在2021年大受欢迎，全自动的速开帐篷、轻薄的皮肤背包、便携的户外折叠凳、保暖的四季睡袋等热门产品在数十家店铺均已拼单逾10万件，也带动KingCamp、牧高笛等国产厂家成为平台受欢迎的品牌[②]。

四、流行跨界带来多元情感体验，成为当前最流行的潮流文化

IP、艺术家、不同行业/品牌等领域的跨界碰撞增加了新鲜元素的注

[①] 董兴生，李佳宁，宋红. 暴增400%成天猫双11最大黑马之一 博物馆文创产品让文物"活"起来［EB/OL］.（2021-11-10）［2022-12-20］. https://www.nbd.com.cn/articles/2021-11-10/1988896.html.

[②] 施薇. 拼多多发布国庆假期消费趋势报告，农产品订单同比大增279%［EB/OL］.（2021-10-08）［2022-12-20］. https://wenhui.whb.cn/third/baidu/202110/08/427549.html.

入，在给予传统时尚产品新的感官刺激的同时，也刺激了新青年消费者在价值认同、怀旧等多方面的情感体验，2020年在天猫平台上，动漫IP设计元素女装消费人数是2019年的2.5倍[1]，这充分说明了流行跨界成为新青年追求的时尚元素。

五、科技融入时尚发展，智能场景成为另类硬核时尚

"科技+时尚"的时尚理念在新青年时尚消费中迅速扩张，新青年致力于打造日常生活的全面智能化，他们对科技的热爱不仅局限于短时的实验，而是倾向于全方位打造智能化生活应用场景。2020年新青年在线上购买硬核科技产品，如无人机、VR眼镜、智能家居等的销售额超过2019年的50%[2]，硬核科技产品正在逐渐成为新青年追求的"科技新时尚"。

六、粉丝经济继续扩张，亚文化圈层创造时尚爆款

2021年，在传统的明星粉丝经济继续快速发展的同时，亚文化圈层内的粉丝经济也在迅速崛起，电竞选手、网红KOL也正在逐步成为越来越多新青年的时尚潮流风向标，越来越多的时尚品牌选择与亚文化圈层内的"明星"开展合作，如李宁与电竞俱乐部EDG、LETME与电竞品牌R39等，亚文化圈层的周边产业正在粉丝经济的带动下飞速扩张。

---

[1] 第一财经商业数据中心.解码年轻人群的时尚态度：女装时尚消费趋势洞察报告［R/OL］.（2020-08-04）［2021-05-25］.https://www.cbndata.com/report/2366/detail?isReading=report&page=1.

[2] 有数青年观察局，FASHION ZOO时髦圈儿，第一财经商业数据中心.新青年文化洞察［R/OL］.（2021-04-01）［2021-05-25］.https://www.cbndata.com/report/2611/detail?isReading=report&page=1.

七、男性消费者崛起，两性差距缩小

男性新青年消费观念发生改变，开始关注自身时尚塑造需求。以美妆消费为例，2020年男性在美妆类产品中平均花费超过3600元，虽少于女性的4943元，但两性花费的差距在缩小，同时超过50%的男性购买美妆产品的单次花费在500元以上[①]。男性新青年在时尚消费中逐渐崛起，成为一股不可小觑的上升力量。

第三节　新青年时尚消费特征

一、时尚消费动机：精神需求成为重要动机，奖励自我与社交认同

新青年的时尚消费通常致力于满足实用与精神层面的双重诉求，而精神层面的诉求逐渐占据越来越大的比例。现实生活的压力使得他们自带焦虑感，因此希望通过时尚消费进行缓解，一方面，简单快捷地彰显自己的态度与标签；另一方面，他们开始更多地追求在时尚消费过程中精神和情感方面的参与、互动及共情，这也是直播带货的营销方式能够在短期内引发全民关注的重要原因。

除情感追求外，寻求圈层认同也成为重要的时尚消费动机。无论是已成为各大社交平台时尚打卡热门话题标签的"拼夕夕"女孩，还是引发

---

① 时尚2020，潮Z看！Z世代时尚消费洞察报告［EB/OL］.（2020-09-09）［2021-05-25］. https://auto.sina.com.cn/yx/yd/yxdt/2020-09-09/detail-iivhvpwy5408336.shtml.

社会大量关注的"鞋圈""手办圈""饭圈",以"共同"为核心和纽带的用户圈层在新青年时尚生活中的影响力不断增强。而随之出现的垂直化社区,相较于普通的平台型社区,通过对特定用户圈层共同认同的核心把握,用户黏性更强,商业转化率也更高。如以女性和二次元新青年为主的LOFTER所涉及的时尚潮品主要以IP及明星周边产品、生活美物等为主;而以男性新青年为主的虎扑社区,则更多涉及运动、游戏等时尚潮品,表现出明显的垂直细分属性。带有明确的社交驱动目的,新青年通过与圈层相关的时尚消费更好地融入圈层,并收获更多认同和负担相对较小的全新社交关系,以此缓解现实生活所带来的社交压力与孤独感。

二、时尚消费考虑因素:消费趋于理性,追求品质与创新

新青年时尚消费者在消费时更趋于理性,在功能诉求上需求也更为细化,炫耀型消费行为减少,更追求性价比高的产品。在众多考虑因素中,产品对需求的满足及品质成为新青年消费时重点关注的信息,同时他们更愿意在电商平台上慢慢寻找商品,也更乐于接受能够获得价格减免的消费方式,如品牌、满减等。

此外,个性化设计追求与新鲜感也是他们进行消费的主要考虑因素,由于时尚产品更迭速度加快以及大量时尚信息涌入,新青年时尚消费者对时尚产品有着明显"喜新厌旧"的偏好,所以相对于品牌效应,他们更加钟情于自己认可的小众品牌、潮牌和原创品牌。同时,高颜值和创新的设计也能提高购买欲望,根据调研结果,近六成的新青年时尚消费者表示时尚的外观设计会促进他们的购买决定[1]。

---

[1] 艾瑞咨询.2021年Z世代美妆护肤消费洞察报告[EB/OL].(2021-03-20)[2021-05-25]. https://report.iresearch.cn/report/202103/3748.shtml.

三、时尚信息获取渠道：多渠道获取，熟人与KOL成为主要信任对象

新青年时尚消费者作为网络世代，具有较高的获取和处理信息满足自身时尚需求的能力，所以他们获取时尚信息的渠道通常为多元化的，既包括传统的社交媒体平台，如微信、微博等，也包括新兴的衍生化的社交电商平台，如拼多多、小红书等，还有社群化的分享社区及短视频平台等。在这些获取渠道中，社交电商平台及各种种草分享社区成为大多数新青年时尚消费者了解各种时尚资讯的首选渠道[1]。而短视频平台以短、快、新以及更容易与日常生活社交场景融合的特点成为又一类快速发展的时尚资讯传播平台。

在内容形式方面，新青年时尚消费者对高质量和有价值的资讯内容需求旺盛，优质的内容推荐会成为他们在进行购买行为时重要的参考依据。相比于更为直接的销售主题，软性的分享类主题是他们比较青睐的内容，同时，他们偏好更为简洁直观的内容载体，所以图文及短视频形式的经验分享是他们最喜闻乐见的线上资讯形式。

在信息选择方面，新青年时尚消费者更倾向于通过熟人的体验感受和信任的KOL及明星种草对时尚消费品进行选择。此外，专业素人、重度消费者等，即KOC，也成为最近兴起的重要时尚信息传播者。本身作为产品消费者的身份使得他们能够更加接近普通消费者的圈层，从而在普通消费者中更加具有说服力和话语权，影响他们的消费行为。

---

[1] 时尚2020，潮Z看！Z世代时尚消费洞察报告［EB/OL］.（2020-09-03）［2021-05-25］. https://weibo.com/ttarticle/p/show?id=2309404545038914027691.

四、时尚消费渠道：体验至上，线上线下相结合

对于新青年时尚消费者而言，网络或者实体消费更多的是一种选择。线上购物是他们主要的时尚消费渠道，根据调研数据，有21%的新青年每天都要进行线上购物，有62%的新青年表示未来线上购物的意愿会增加[①]。但他们在主要使用线上购物的同时，仍然重视线下的消费体验。一方面，在线下实体店，消费者试用的近距离感受能够为他们提供更多的消费信息，同时在面对单价较高的时尚产品时，线下实体店可为他们提供更为放心的购买渠道。例如，新型的美妆集合店通常是新青年消费者主要选择的线下实体店，这类线下实体店中强体验感的设计、多元的产品类型以及导购辅助等满足了他们对新鲜感、体验感和氛围感的要求。另一方面，体验式的线下实体店被他们当作一个多元的文化潮流和互动场景，是通过打卡、分享等形式进行自我表达、获得更多认同的重要渠道。明星同款打卡点、品牌艺术展览、主题快闪店、联名发售活动等参与感较强且富有视觉体验的线下实体店活动均成为吸引新青年时尚消费者的重要营销方式，并由此催生出一系列线下网红品牌店，逐渐发展为新青年线下社交的重要地点。

五、时尚消费趋势：数字化转型，时尚虚拟消费快速发展

新冠疫情的出现虽然严重打击了时尚行业，但也为时尚行业的数字化转型提供了新的发展契机，云看秀、线上直播逛展等数字化方式成为新青年进行时尚消费的新方式。通过将线下秀场转移到线上直播间，新青年的

---

① 时尚2020，潮Z看！Z世代时尚消费洞察报告［EB/OL］.（2020-09-03）［2021-05-25］. https://weibo.com/ttarticle/p/show?id=2309404545038914027691.

时尚消费流程缩短,在获得视觉欣赏感受的同时"即秀即买",一键下单即可将最新潮流带回家。除传统时装之外,受到地域限制的博物馆也是此次数字化转型的重要参与者,例如,大都会艺术博物馆等全球7所顶级博物馆在拼多多开启线上直播逛展[①],通过直播既可以讲解文物和艺术品,为新青年时尚消费者营造新奇的线上观展体验,培养潜在用户,又可以直接销售文创产品,增加博物馆多元收入,也为未来文创产业发展提供了新的游览及销售模式。

---

① 全球七大博物馆上线拼多多直播带货:近千种文创周边随便挑[EB/OL].(2020-03-26)[2021-05-25]. https://baijiahao.baidu.com/s?id=1662222466083420874&wfr=spider&for=pc.

第三部分
"新青年新消费"网购商家与消费者报告

第六章 聚焦新青年商家：2020新青年生长力报告[*]

第一节 新青年商家生长力如何

一、"80后"商家虽仍是电商经营的中坚力量，但新青年商家迅速崛起

新青年已成为拼多多平台的第一大主体，在各领域发挥着蓬勃创造力，成为经济业态的重要新生力量。"80后"商家虽仍是电商经营的中坚力量，但新青年商家迅速崛起，逐渐形成独具特色的模式和业态。新青年正在成为网购消费的主力，根据波士顿咨询公司的数据，新青年消费数量正以每年11%的速度增长，2021年预计占总消费量的69%[①]。同

---

[*] 数据说明：本报告数据来自拼多多平台数据和公开数据，数据时间段为2020年6月—2021年6月。为了保护消费者隐私和商家机密，本报告所用数据均经过脱敏处理。

[①] 商务部流通业发展司，中国百货商业协会，冯氏集团利丰研究中心.2017—2018年中国百货零售业发展报告［R/OL］.（2018-03）［2021-05-25］.https://www.sgpjbg.com/baogao/25743.html.

时，新青年也在成为电商经营的主力。互联网核心群体的"数字基因"所激发的活力、创造力和影响力，形成了新青年商家独具特色的模式和业态。

拼多多平台过去12个月的数据显示，"80后"商家仍然是电商经营的中坚力量，占全平台商家的比例为34%，是"70后"商家的两倍以上。根据《2019年中国互联网就业洞察白皮书》的统计数据，15%的互联网从业者是"80后"，年龄在31—40岁；44%是"90后"，年龄在26—30岁；37%是"95后"，年龄在21—25岁。其中，在电商领域工作的人比例最高，达到12.9%。电商领域是求职创业热度最高的赛道[1]。

但近来新青年商家也在迅速崛起，与"80后"一代不相上下。过去12个月的数据显示，"90后""95后""00后"等新青年商家在拼多多平台占比已超过49%，成为新崛起的主力军（如图6-1所示）。

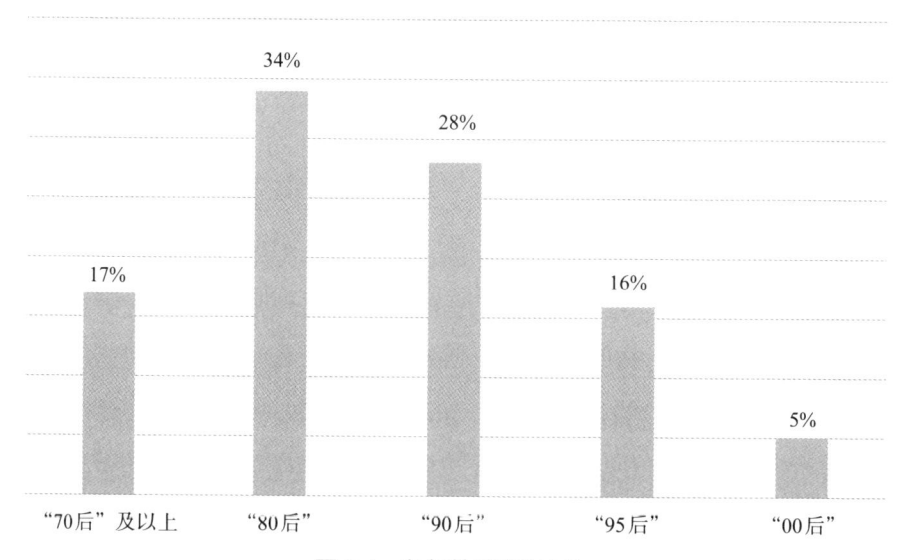

图6-1 各年龄段商家占比

---

[1] 2019年中国互联网就业洞察白皮书（用户篇）[EB/OL].（2019-03-14）[2021-05-25]. https://www.sohu.com/a/301266775_99903202?sec=wd.

其中，"90后"新青年商家占比为28%，"95后"新青年商家占比为16%，二者之和数量已远超"80后"商家。同时，以"00后"为代表的"Z世代"商家在拼多多平台增长迅速，占比超过5%。从过去12个月的商家数量增长速度来看，"90后"新青年商家增速一骑绝尘，超过40%。紧随其后的分别是"80后""95后""70后""00后"，增速分别为33%、18%、12%、8%（如图6-2所示）。

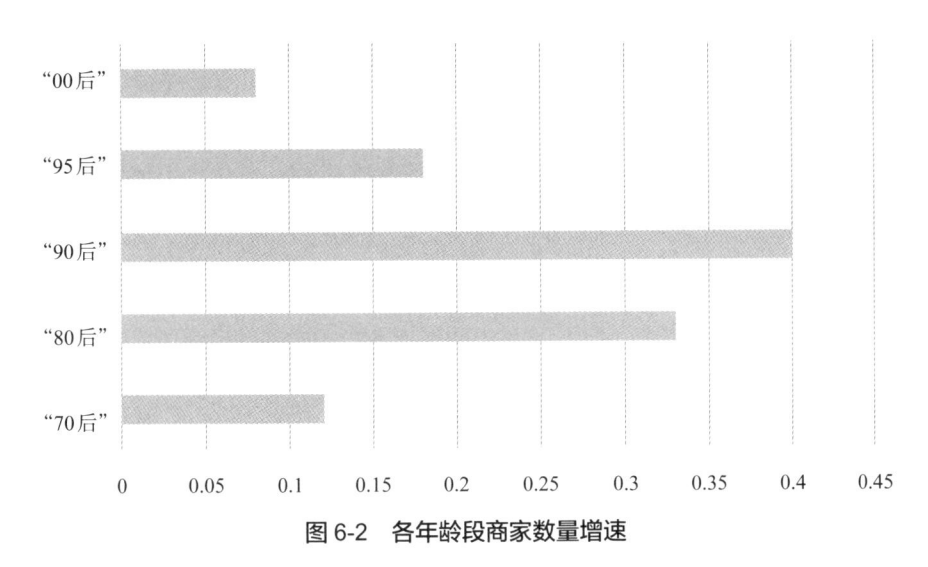

图6-2　各年龄段商家数量增速

二、电商领域圈层效应明显，"女店主"撑起农产品商户的半边天

"90后""95后""00后"在电商领域的"圈层效应"明显，逐渐形成面向新青年消费群体的独特的电商逻辑。"女店主"撑起拼多多农产品商户的半边天，占比51.8%，高中以上学历的店主也占主流，展现了新电商与"她经济"发展的新趋势[①]。同时，很多"90后"卖家表示在拼多多商家社

---

① 农产品商家女性过半，专家详解拼多多"她经济"［EB/OL］.（2020-03-09）［2021-05-25］. https://baijiahao.baidu.com/s?id=1660668013023721606&wfr=spider&for=pc.

区感受到了温暖，并且在平台的帮助下，在电商领域找到了自己的职业定位和社会价值。[1]

第二节　新青年商家分布在哪里

一、南方省份总量分布占优势，广东助力打造"电商之都"

新青年的蓬勃动力，也体现在商业价值上。在新消费浪潮的推动下，过去的12个月里，新青年商家（含"90后""95后""00后"）的交易额平均增速超过167%，增长飞速。

根据国家统计局数据，2020年，全国网络零售额达11.76万亿元，同比增长10.9%。网络零售额地区占比最高的是东部地区，达到84.5%，同比增长10.7%，在全国网络零售市场中占主导地位。[2]同样，新青年商家在全国的区位分布中也高度集中化——数量最多的前五个省依次为广东、福建、浙江、河南、江苏。在排名前十的省的新青年商家分布中，南方省份占据着绝对优势，广东、福建、浙江、河南、江苏五省的新青年商家数量，是后五位的四倍以上。

随着数字技术与信息化的发展，电商在"推动新旧动能转换、经济提质换挡、产业转型升级"中发挥着重要作用。根据中商产业研究院的数据，

---

[1] 肖钦．拼多多商家90后尴尬的年纪，在社区感受到了温暖［EB/OL］．（2019-11-06）［2021-05-25］．https://www.yubaibai.com.cn/article/5583424.html.

[2] 深度分析！2021年中国网络零售市场发展现状分析 网络零售市场保持快速增长［EB/OL］．（2021-04-23）［2021-05-25］．https://www.sohu.com/a/462574760_104421.

近年来,各地积极兴建电商产业园,关注地方电子商务发展,扶植网商群体的快速成长,主要以东部沿海省份为主,如浙江、山东、江苏、广东等。①值得注意的是,作为全国有名的"电商大省",广东的新青年商家数量遥遥领先,是福建、浙江等省份的近两倍,为全国输送着电商经营人才(如图6-3所示)。

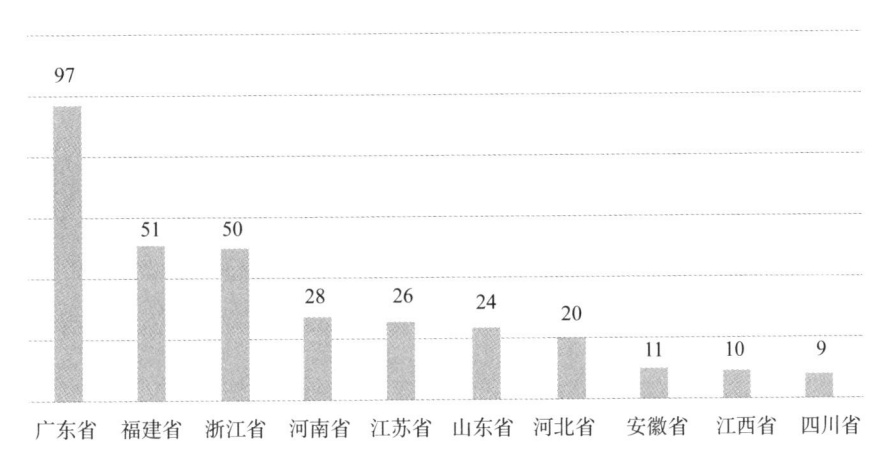

省份	数量
广东省	97
福建省	51
浙江省	50
河南省	28
江苏省	26
山东省	24
河北省	20
安徽省	11
江西省	10
四川省	9

图6-3 新青年商家数量最多的省份前十名

从各省的新青年商家占比来看(该省新青年商家数量/该省商家数量),广东依旧是新青年商家第一省,省内占比达到67.1%,遥遥领先其他省份。这符合广州在"十四五"电商相关行业发展规划中明确指出的,要打造"时尚之都、美食之都、电商之都、定制之都"的新名片。

二、北方及西南省份零售业数字化转型迅猛

值得说明的是,在新青年商家占比最高的省市排名数据中,北方及西

---

① 网络零售规模再创新高 全国各省市"十四五"规划电子商务发展路线分析(图)[EB/OL].(2021-01-22)[2021-05-25]. https://www.askci.com/news/chanye/20210122/1649471336543.shtml.

南省份集体反超，贵州、云南、山西、宁夏、甘肃、青海、陕西、四川等八省及自治区进入前十名（如图6-4所示）。电商经济的快速发展，需要将不同区域位置、不同经济发展水平的新青年群体纳入其中，形成普惠化、多元化的电商新业态。北方及西南省份的新青年电商，相对于传统零售业数量显著增长，显示了这些地区产业结构数字化转型的新趋势。

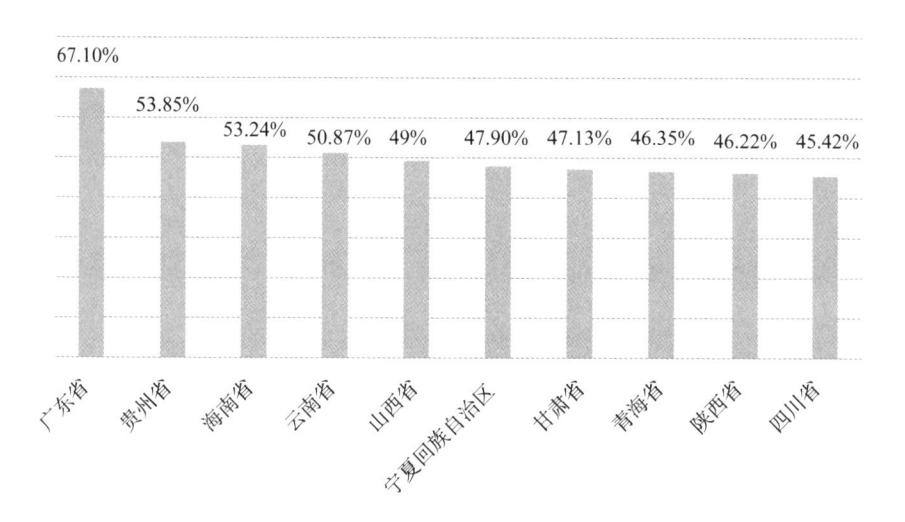

图 6-4　新青年商家占比最高的省份前十名

第三节　新青年商家主要在网上卖什么

一、"衣食住行"包罗万象

根据德勤数据，全球250强零售收入类别中，占比最高的是快速消费品（66.0%）、耐用及休闲用品（19.3%），以及服装配饰（9.6%）[1]。"衣食住

---

[1] 德勤. 2021全球销售力量［R/OL］.（2021-05-06）［2021-05-25］. https://www.sgpjbg.com/baogao/35706.html.

行"同样也是新青年网购的四大基本需求。服装鞋帽纺织品、日用品排在实物商品网络零售额的前两位，分别占比22.3%和14.5%。在所有网络零售店铺中，服装鞋帽纺织品店铺数量排名第一，占比达29.5%，其次是日用品，占比21.2%。[①]

二、水果、家居用品、车品等商品与年轻人生活息息相关

根据拼多多平台过去12个月的数据，新青年商家分布最多的类目前十名，依次为T恤、设计服务、连衣裙、手机配件、新鲜水果、女包、汽车用品、家居用品、男女裤（如图6-5所示）。可以看出，新青年商家类目与新青年网购的需求基本匹配，集中于服饰、日用品和水果。新青年商家更加偏好"逛吃"，水果、家居用品、车品等与年轻人生活息息相关；过去的12个月中，T恤和设计服务类的新青年商家占比遥遥领先，一边是时尚潮品，一边是原创设计，新生代的创意正在逐渐释放。

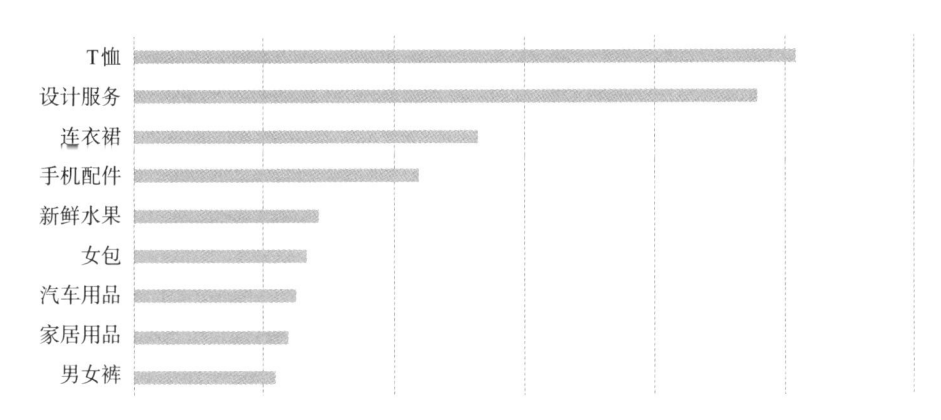

图6-5 新青年商家分布最多的类目

---

① 深度分析！2021年中国网络零售市场发展现状分析 网络零售市场保持快速增长［EB/OL］.（2021-04-23）［2021-05-25］. https://www.sohu.com/a/462574760_104421.

第四节　新青年的兴趣是什么

一、将"吃货"发挥到极致

民以食为天，新青年商家的关键词仍然是与"吃"相关。过去一年，"宅经济"和"家场景"成为网络消费的关键词[1]。在这一趋势下，休闲食品正在孕育广大的市场，根据国际咨询机构Frost & Sullivan（弗若斯特沙利文）统计，2012—2019年我国休闲食品年复合增长率达到12.1%，2019年休闲食品行业市场规模达到11430亿元[2]。

休闲零食的消费场景多样、消费频率快速、伴随情感愉悦，近年来更因品牌化、年轻化、亲民化趋势被新青年广泛追捧。根据易观智库数据，女性是零食网购的绝对主力，占比62.29%；"80后"与"90后"零食网购分别占比48.6%和24.7%[3]。过去的12个月中，零食等类目的新青年商家数量增长了3倍，增速超过350%。其中，山东、河南、广东成为前三大"新青年零食电商大省"（如图6-6所示）。

---

[1] 商务部：《2020年网络零售市场发展报告》[EB/OL].（2021-04-09）[2021-05-25]. https://swt.fujian.gov.cn/xxgk/swdt/swyw/gnyw/202104/t20210409_5569654.htm.

[2] 2020年中国休闲食品行业市场现状及发展趋势分析 市场空间广阔[EB/OL].（2020-08-20）[2021-05-25]. https://www.qianzhan.com/analyst/detail/220/200820-f88c8fcc.html.

[3] 休闲零食行业电子商务发展分析报告[R/OL].[2021-05-25]. https://www.maigoo.com/news/478954.html.

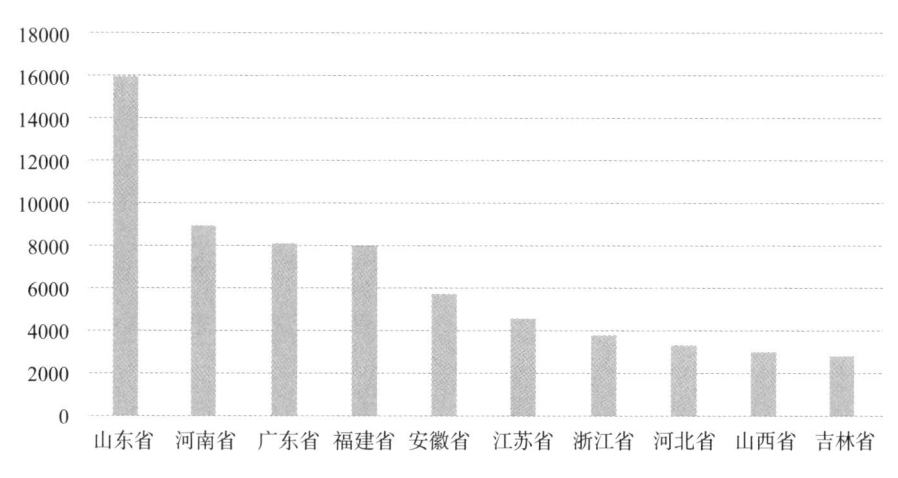

图 6-6 零食类目新青年商家数量最多的省份前十名

二、"农货上行"激发乡村活力

随着农村地区电商基础设施的完善,新电商平台的社交裂变、直播短视频等"农货上行"体系也逐渐成熟。拼多多的"拼农货"采用创新的"农货智能处理系统"和"山村直连小区"模式,为国内分散于天南海北"下沉市场"的农产品整合出一条直达5.36亿用户的快速通道,带动超过十万人返乡创业[①]。数据显示,越来越多的新青年选择返乡卖水果,过去12个月的新青年商家数量增速超过148%。"时令水果""爱心助农"成为电商平台新的关键词,助推乡村振兴和农村现代化,助力美丽乡村建设。

山东、广东、江苏成为水果类目新青年商家最多的前三个省份(如图6-7所示),荔枝、杨梅、大樱桃、苹果等被新青年搬出了家乡,运送到了全国消费者的餐桌上。这有助于激活农村生产活力和就业热情,吸引优质

---

① 商务部《2019中国电商兴农发展报告》(全文下载)[EB/OL].(2020-01-08)[2021-05-25]. https://xueqiu.com/4700839113/138957801.

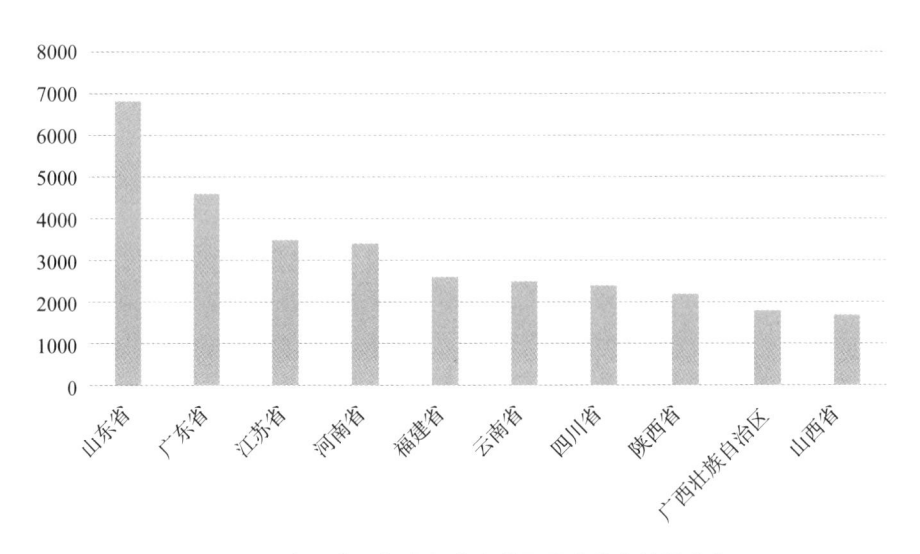

图 6-7　水果类目新青年商家数量最多的省份前十名

人才回流，促进当地产业结构的数字化转型升级。上海寻梦信息技术有限公司（拼多多）也因此获得了国务院扶贫开发领导小组颁发的"2020年全国脱贫攻坚奖"组织创新奖。

三、"斜杠青年"①打造定制化私域

当代的"斜杠青年"们，不满足于传统的单一职业和身份，将创造力发挥到了极致。新青年群体更注重消费品质、个性化、定制化与情感体验，喜好量身定制、与众不同的产品，这也催生了一批"后工业化"特征明显的设计师网店的诞生。在过去的12个月中，设计师网店数量增速超过了135%，而且广东成为新青年设计师第一大省（如图6-8所示）。商品图、家居设计、LOGO定制等，奇思妙想加上精雕细琢，只有你想不到的，没有设计新青年的"脑洞"发挥不了的。IP经

---

① 斜杠青年指的是一群不再满足于"专一职业"的生活方式，而选择拥有多重职业和身份的多元生活的人群。来源于英文 Slash。

济、定制经济、盲盒经济等差异化、个性化的产品设计和运营策略，培养私域渠道忠诚用户的黏性，成为电商新业态下新青年设计师探索的新趋势。

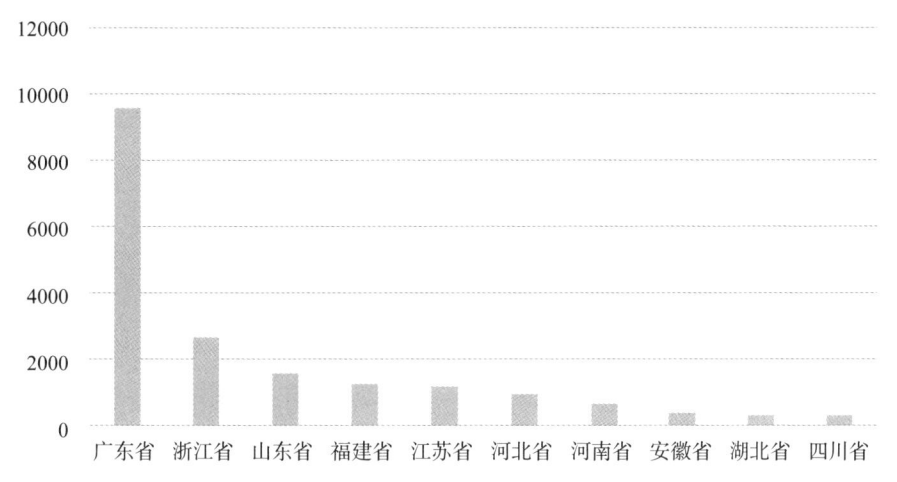

图 6-8 设计类目新青年商家数量最多的省份前十名

第七章　2020新青年新生活研究报告
——以"00后"大学生网购行为研究为例

随着千禧一代逐步长大,以"00后"为代表的新青年群体已成为社会新消费的重要支柱。世代成长环境的差异决定了"00后"新青年群体的消费行为和偏好与"80后""90后"的差异性,相较于仅仅是满足于"必需"的实物性消费诉求,"00后"新青年群体更加注重自身的感性体验,其消费知识和消费行为习得与决策越来越受到周边亲朋好友的影响——素人与身边意见领袖对"00后"新青年群体的消费决策影响力与日俱增。"00后"新青年群体的消费观念、消费习惯、消费模式正引领新经济、新消费和新生活的蓬勃发展。为此,本章就"00后"的网购行为及诉求进行了相关问卷调查,调查对象主要为2000年以后出生的新青年群体。

本章以"00后"学生群体的网购行为作为研究对象,在2020年12月2日至12月11日间,通过网络问卷平台收集样本626份。根据研究群体"00后"的划定,筛选"年龄"变量为20岁以下的样本群体,并剔除无效问卷,共得到有效样本602份,有效填答率为96.17%。

根据国家统计局第六次人口普查数据,12—20岁之间人口性别比为107(女=100)。据此调整样本权重并得到"00后"网购行为研究样本描述,如表7-1所示。

在"00后"研究样本的年龄分布上,大学生(18—20岁)占比最多,为85.4%，本章也更倾向于分析该群体，即大学生群体的网络行为特征；在学历分布上，大学本科占比最多，为82.4%；在地域分布上，东部地区占比较多，为51.4%，东北、中部、西部等地区比例分布较为均衡；在地点分布上，各层级较为均衡，其中一线城市（26.1%）与四线以下城市（27.1%）占比均略高于其他城市（如表7-1所示）。

表7-1 "00后"群体的样本特征描述

变量	类别	百分比
性别	男	51.4%
	女	48.6%
年龄	12—14岁	4.0%
	15—17岁	10.6%
	18—20岁	85.4%
学历	初中及以下	4.3%
	高中及同等学力	11.3%
	大专	1.3%
	大学本科	82.4%
	硕士研究生及以上	0.6%
地域	东北地区	13.4%
	东部地区	51.4%
	中部地区	16.0%
	西部地区	19.1%
	其他国家及地区	0.1%
地方	一线城市	26.1%
	二线城市	16.4%
	三线城市	19.5%
	四线城市及以下	27.1%
	农村地区	11.0%

第一节 "00后"网购新时尚：感性体验优于理性选择

一、体验为王、感性刺激为上

以"00后"为代表的新青年群体是最爱体验的一代，是新消费样态的未来，是新消费的主力军。问卷调查数据显示，相较于实用、省钱、便捷等动机，体验好是"00后"选择最高的网购动机（45.5%），因为这一代新青年就是和网购一起成长起来的。他们憧憬着线上购物后收到商品时的那一瞬间的体验，渴望着在日常生活中的各个场景随时、随地、随性地在线上选购商品，如闲逛或刷微信、抖音时，在网购中追求极致体验，渴望个性化的消费体验。新青年的消费更注重自我的感受、体验和自我增值，因此更容易受短视频、直播等感性内容的刺激而消费，"所想即所得，所得即所爱"的购物体验已成为"00后"新青年群体网购心态的真实写照。从这个意义上说，未来"体验"本身成为可以销售的商品，曾预测了"第三次浪潮"到来的阿尔文·托夫勒预言，"服务经济的下一步是走向体验经济，人们会创造越来越多的跟体验有关的经济活动，商家将靠提供体验服务取胜"。

二、消费前置："先买后付"，物尽其用

从全球来看，数字经济的快速发展和年轻人消费观念的转变产生了良好的共振，"先买后付"已成为新青年群体的消费新趋势。中金公司研究部

的研究报告显示，澳大利亚年轻人使用"先买后付"的比例高于信用卡（如图7-1所示）[①]。

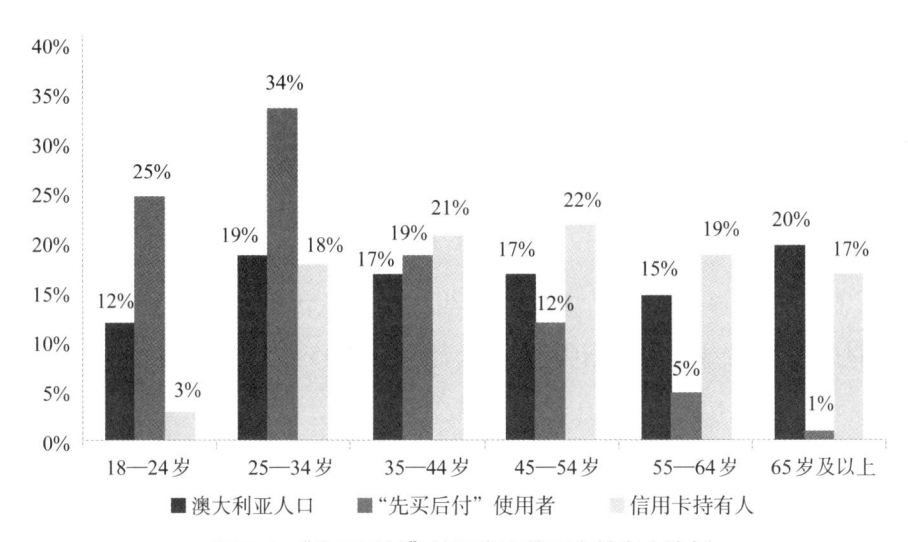

图7-1 "先买后付"使用者和信用卡持有人比例
图源：ASIC、中金公司研究部

同时，全球支付服务提供商Klarna也发布了一项关于"先试后买"的研究报告，在对1000名"Z世代"和千禧一代消费者调查后发现，年轻一代消费者越来越重视无缝衔接、个性化和灵活的购物体验，超过66%的受访者表示免费且简单的退货政策是改善在线购物体验的一个关键因素，并表示如果可以在购买之前试到衣服，愿意付出更高的价钱[②]。

随着新冠疫情引发的对于世界经济发展前景的担忧，比起"报复性消费"，新青年群体更想做的也许是"报复性存钱"，让自己的钱恰如其分地用在自己需要的地方，能省则省，物尽其用，而"先用后付""先买后付"

---

① 澳大利亚："先买后付"模式发展迅速，年交易增速达90%［EB/OL］.（2020-11-24）［2021-05-25］. https://baijiahao.baidu.com/s?id=1684208384979348063&wfr=spider&for=pc.

② 亿邦动力网.报告：年轻消费者越来越倾向于"先试后买"［EB/OL］.（2019-02-23）［2021-05-25］. https://www.ebrun.com/ebrungo/zb/321597.shtml.

的购物方式恰恰满足他们这些内心需求，因此提前购买、提前体验、满意后再买单已成为新青年群体的一种消费趋势和时尚。

三、单身经济代表"迷你消费"成新风口：既喜欢数码科技，也热衷于购买生鲜

民政部数据显示，2018年中国单身成年人口高达2.4亿人，其中超过7700万成年人是独居状态，预计2021年，这一数字会上升到9200万人。有统计数据显示[①]，美国单身人口已经占比45%，日本为32.4%，韩国为23.9%，如果按照日韩两国单身人数比例计算，未来中国单身人口可能高达4亿。调查数据表明[②]，"95后"新青年群体中不婚族和恐婚族的比例高达18%，再加上社会生活压力增大，"单身"的生活状态成为新青年重要的生活状态。居住方式和家庭结构的变化必然带来消费方式的改变，单身经济已成为独特的消费细分市场，单身经济又被称为孤独经济，与"婴儿经济""银发经济""她经济"等细分目标群体一样，单身消费人群也成为一股消费新势力。单身青年群体一般都具有相对稳定可观的经济收入和较强的消费能力，接受过良好的教育，对生活品质有较高要求，有着较强的"为自己而活"的意识，有十分明显的自我消费需求和意愿——从基本生活必需品向满足内心需求的商品升级，个性化、小众化、精致化消费将成为趋势。

问卷调查显示，本地生活类、生鲜类、电子产品类、游戏类、婚恋类、旅游服务类等是单身青年群体网购的主要产品类别，其中本地生活类最多，

---

① 单身狗拉低经济？大数据为2亿单身狗平反！［EB/OL］.（2019-01-24）［2021-05-25］. https://www.sohu.com/a/291331609_261145.
② 《95后研究报告》：婚恋观谨慎且悲观，不婚族达18%［EB/OL］.（2019-05-20）［2021-05-25］. https://www.hunjia520.cn/analysis/8216.html.

占到了总体的近三分之一，生鲜类占22.4%，近四分之一（如图7-2所示）。具体到生鲜类的购买渠道，以拼多多为代表的电商生鲜日益有超过本地社区生鲜渠道的趋势。

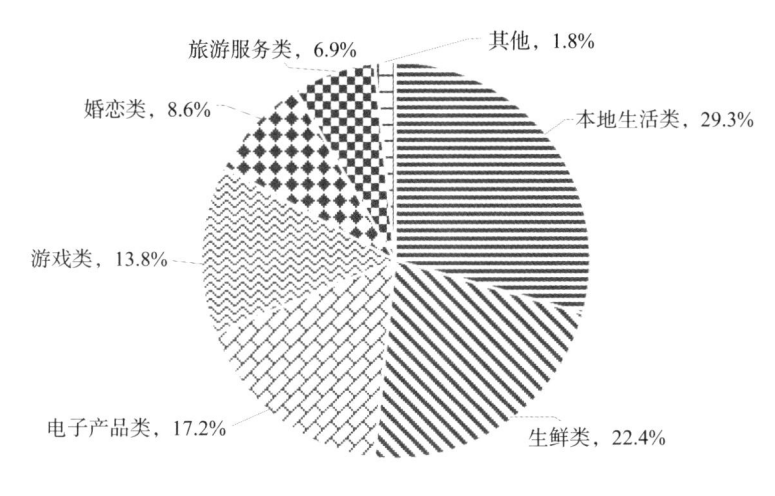

图 7-2　新青年网购产品类别

（本地生活类, 29.3%；生鲜类, 22.4%；电子产品类, 17.2%；游戏类, 13.8%；婚恋类, 8.6%；旅游服务类, 6.9%；其他, 1.8%）

四、骨子里的认同：因社交而圈层，因社交而消费

随着网络社群的崛起，新青年群体越来越依靠人际关系网来获取信息，"圈子"已成为新青年获取信息包括消费信息的第一大渠道（42.8%左右）[①]。"关系"和"圈层"本身成为一种媒介，以人际传播、群体传播为代表的社群传播崛起。人的圈层化导致商业的圈层化，商业的圈层化导致营销圈层化，"无社交，不消费"，似乎已成为新消费风尚的铁律，圈层化消费成为新消费的重要特征。新中产、"Z世代"、母婴族、银发族、小镇青年等，大圈层内又细分为各个小圈层，如"美食爱好者""学习充电人群""运动健身爱好者""爱娱乐的'00后'"等。

---

① 喻国明.当前新闻传播"需求侧"与"供给侧"的现状分析［J］.新闻与写作，2017（5）：44-48.

据QuestMobile发布的2020圈层经济洞察报告显示，新青年群体越来越呈现出基于兴趣的圈层化消费趋势，并基于各自的圈层具有高黏性和线上高消费能力特征，而与之相对应的中老年群体的消费潜力仍待挖掘[1]。拥有平台型电商使用习惯的新青年群体即使在具体的购物习惯和偏好上也存在显著的差异，如都市青年消费者对互联网依赖强，追求生活品质，使用生鲜电商占比明显高于小镇青年。

而另一个数据表示，60%的"Z世代"希望更好地融入自己的圈子，这些人消费行为的典型特征是"买出共鸣，吸引同好"，如他们喜欢在抖音、快手、小红书、B站、微博、知乎等社交平台看大量的内容、帖子，这些已成为他们的社交货币，是新青年生活中不可或缺的一部分[2]。以汉服消费为例，据艾媒咨询数据显示，2019年，中国汉服产业保持高增长态势，中国汉服爱好者已超过350万人，同比增长74.4%，连续四年保持70%以上的高增长，2019年市场销售额突破45亿元。从人群上来看，2019年带"国风爱好者"标签的人数有8347万人，其中83%年纪在24岁以下，从汉服消费者的购买动机来看，有47.2%的消费者是出于对汉服文化的喜欢，也有40.3%的消费者是出于对流行时尚的追求[3]。

问卷调查的数据也显示，近1/5（19.7%）的被调查对象有过基于好友推荐等网络圈层化消费行为，圈层可能基于爱好，如COS动漫圈、海贼王铁粉圈；可能基于身份，如准妈妈圈；可能基于共同的诉求，如拼团群；可能基于共同的偶像；可能基于所处社区和地理位置，如居民小区圈等。

---

[1] QuestMobile2020圈层经济洞察报告［EB/OL］.（2020-08-18）［2021-05-25］. https://www.thepaper.cn/newsDetail_forward_8761232.

[2] 为社交、为人设、为悦己，Z世代花每一分钱都有自己的理由［EB/OL］.（2018-12-25）［2021-05-25］. https://baijiahao.baidu.com/s?id=16207974233781977815&wfr=spider&for=pc.

[3] 雪糕.2020年中国汉服行业发展现状、障碍、机遇及建议深度全面剖析［EB/OL］.（2020-05-15）［2021-05-25］. https://www.iimedia.cn/c1020/71481.html.

第二节 "壕而不败"：新青年"拼"好货

一、最近一年经常使用的网络购物平台：淘宝、京东和拼多多

"00后"群体距离本次调查最近一年（2019年12月—2020年12月）最常使用的网络购物平台前三名分别是：淘宝（89.9%）、京东（53.2%）以及拼多多（40.8%）。对"00后"群体网购行为进行分析发现，新青年最近一年最常使用的网络购物平台，除了传统的电商平台淘宝和京东之外，拼多多也正在拥有更多的用户。根据全国家用电器工业信息中心的调研数据，经过多年发展，我国已形成较为成熟的电商体系，电商平台在被调查者群体中具有较高的使用率。刚刚成立五年的拼多多发展势头迅猛，80%的被调查者表示经常使用拼多多购物，近半数被调查者每月使用次数为2—5次，近两成被调查者每月使用频次为6—10次[①]。

新青年对于其他新兴网络购物平台也涉猎广泛，对于日渐兴起的商超线上平台（11.9%）；视频网站（10.9%），如哔哩哔哩、腾讯视频、芒果TV等；二手交易平台（9.9%），如闲鱼等；唯品会（8.7%）；朋友圈微商（5.4%）；跨境电商（4.2%），如国外亚马逊、各国外品牌官网等；移动社交电商（3.4%）；群体专属购物平台（2.3%），如追星女孩Owhat、二次元群体LOFTER；等等，都有所关注并选择使用（如图7-3所示）。

---

① 中国家电研究院《2020中国家电行业线上消费趋势报告》[EB/OL].（2020-12-24）[2021-05-25］. https://baijiahao.baidu.com/s?id=1686942671011358409&wfr=spider&for=pc.

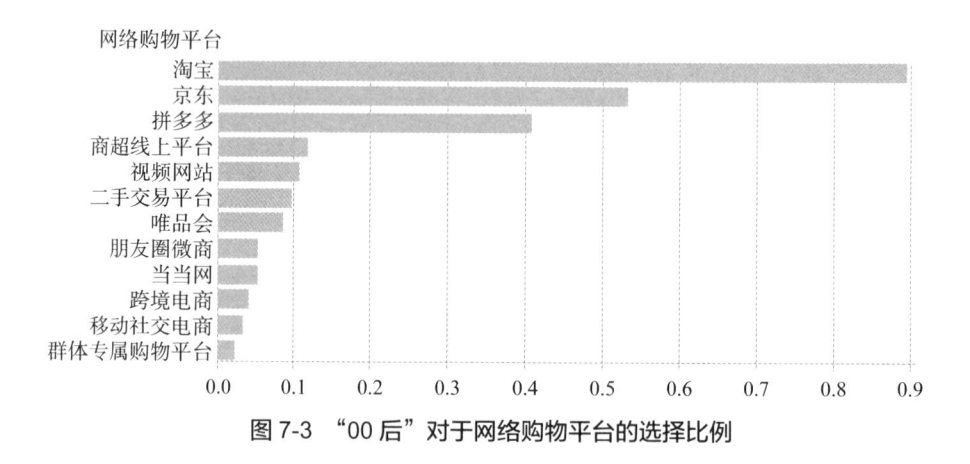

图 7-3 "00后"对于网络购物平台的选择比例

二、每日网购时间在半小时左右，网购消费金额大多在1000元以下

在新青年群体中，大多数人（62.8%）的每日网购时间都在30分钟以下，有23.8%的人每日网购时间在半小时至一小时之间，也有4.3%的"00后"每日网购时间超过了3小时。"00后"大多是学生群体，距离本次调查最近一个月的网购消费金额大多数在1000元以下，累计百分比达到80.8%。其中，100—499元的人数占比最多（41.0%）。然而也有部分较高消费群体，月网购消费金额达到3000元以上，占比4.5%（如图7-4所示）。

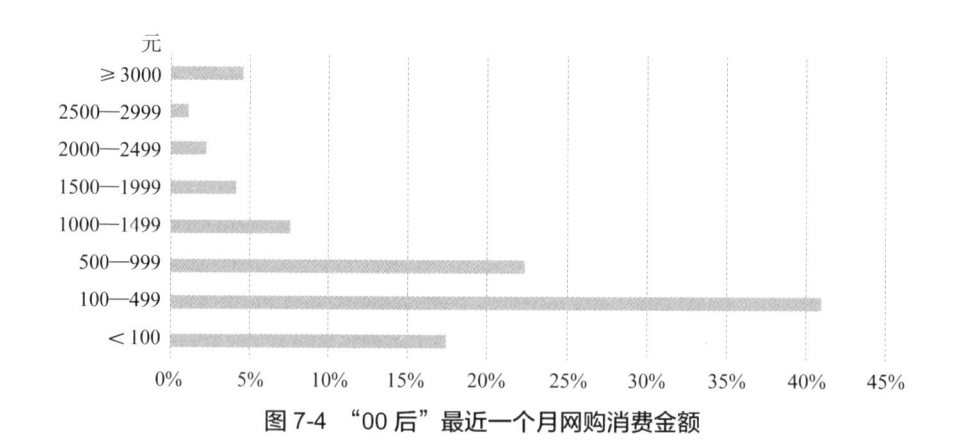

图 7-4 "00后"最近一个月网购消费金额

三、新青年消费更倾向于用金钱换时间，愿为获取更好的虚拟体验付费

（一）新青年更加注重销量和服务质量，愿意为了更好的、更快的快递服务买单

优质高效的快递服务，是助力"00后"线上购物行为的重要因素（见图7-5）。当下，城市物流提速，一些平台甚至做到了朝发夕至，而且"快递进镇、快递进村"的便捷化程度也在显著提高，消费场景不断"破壁"[①]。当下大学生的生活已经很难离开快递服务。根据菜鸟驿站的数据，尤其是在长三角、京津冀、珠三角等地区，大学生的必备随身三宝，"对于'80后'来说是随身听、热水器、台式机；'90后'换成了笔记本、手机、相

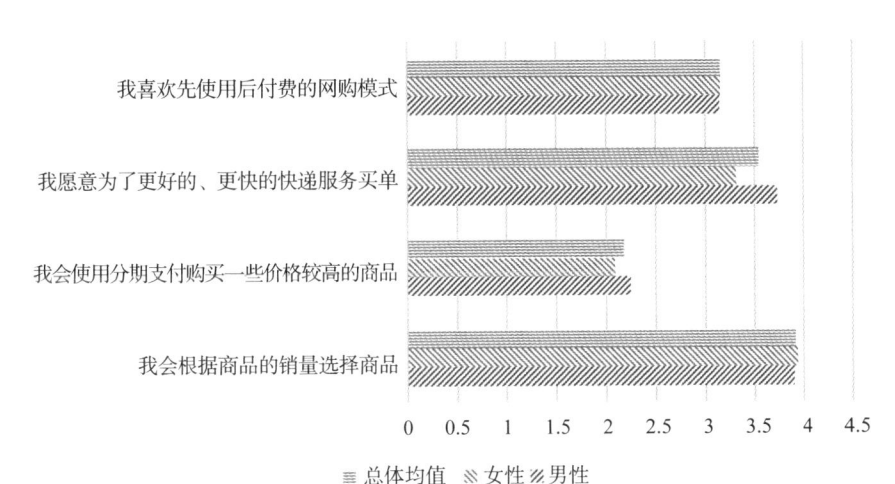

图7-5 "00后"的消费行为特征

---

① 杨玉华，张紫赟，阳娜，等．"国潮"日渐兴起、消费场景不断"破壁"……看看2020年消费新趋势［EB/OL］.（2020-12-18）［2021-05-25］. https://baijiahao.baidu.com/s?id=1686411107021562414&wfr=spider&for=pc.

机；而对于对'00后'来说，就是快递、快递和快递"[1]。根据2020年"00后"网购行为调研数据，新青年更加愿意为了更好的、更快的快递服务买单，用金钱换时间。

（二）新青年愿意为了获取更好的虚拟体验而选择付费，享受"专属服务"

根据红杉数据，"00后"群体有着非常良好的产品付费习惯，对于按需或者按次数付费的认同比例较高，有超过半数的群体倾向于按需或次数付费，超过三分之一的群体选择按月付费成为会员，有五成的新青年同时是三个以上平台的年费会员。该数据还显示，从性别上看，女性更倾向于使用年付费；从地域上看，北京地区年付费用户的比例远高于其他一线城市[2]。由此可见，新青年愿意为了获取更好的虚拟体验而选择付费，成为平台会员，并获取更专属的服务、更优化的推送、更舒适的购物体验，以及更好的优惠活动。

四、追求品质、新奇和个性化，底气更足，理念更现代

（一）新青年的网络商品选择，更加追求"品质、新奇和个性化"

"00后"作为移动互联网时代的核心群体，也是伴随着经济发展、在独生子女家庭中成长起来的一代，具有很高的自主消费意识、消费能力，消费理念更加鲜明，思考方式也较为多元开放，消费习惯崇尚个性化定制、情感参与，以及社交沟通的需求，更加倾向于快速适应新的媒介技术与新

---

[1] 李嘉恺. "00后"上大学流行"空手到"快递爆满堪比双十一［EB/OL］.（2018-09-06）［2021-05-25］. https://baijiahao.baidu.com/s?id=1610863667374253650&wfr=spider&for=pc.

[2] 创造未来：红杉00后泛娱乐消费研究报告［EB/OL］.（2021-02-11）［2021-05-25］. https://max.book118.com/html/2021/0211/5212121140003124.shtm.

的商业与消费模式。

根据2020年"00后"网购行为调研数据,新青年网络商品选择行为的重要特征是对于品质的追求。他们更加愿意为了更高品质的同类商品花更多钱,同时,他们更加追求个性化、独特性的商品,也更加不愿意"从众消费",对于尝试一些新奇的商品的认同度比较高(均值3.58),也更加不希望与身边的人使用相同的商品(均值3.23)(如图7-6所示)。从地区上来看,统计学意义上较为显著的是,在一、二线城市的"00后"群体,更倾向于为更高品质的商品花更多钱,也更倾向于尝试一些新奇的产品。

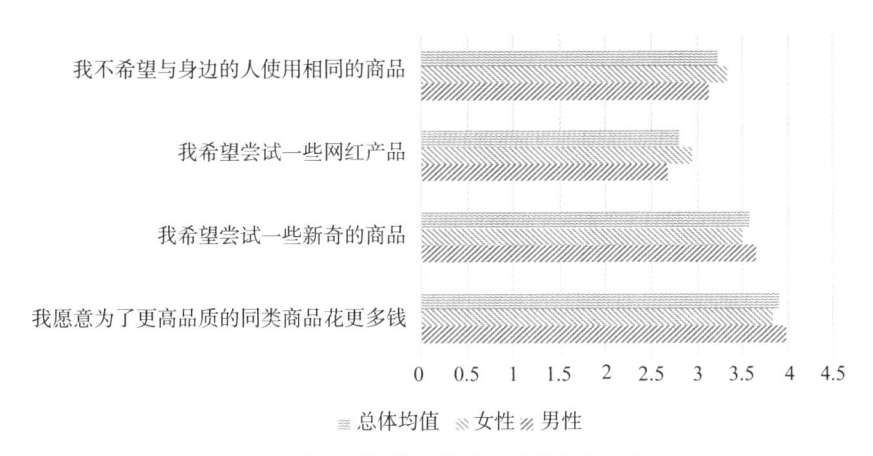

图7-6 "00后"的网络商品选择行为特征

(一)新青年网络购物底气更足,消费理念更现代

同时,新青年的消费底气更足了,更加理性和自信。正如《深圳晚报》的报道"让产品回归产品——好用就买,不好就弃,进口不稀奇,国货不嫌弃"[①]。美兰德的调研数据显示,"Z世代"的消费者会更加认同"希望生活更精致现代智能化""东西坏了就更换而不是修理""经常冲动购买产品"

---

① 王新根.那些爱用拼多多的深圳年轻人,爱享受生活更懂理性消费[EB/OL].(2020-08-27)[2021-05-25]. https://www.sznews.com/tech/content/mb/2020-08/27/content_23495076.htm.

等消费理念，持这种观点的人占比均高出各世代的平均值[①]。

从新青年偏好的消费品类上来看，颜值高、单人用、智能感科技感高的小家电也是他们青睐的商品。根据京东数据，2020年"双11"期间，下沉市场中智能配饰和智能洗碗机的成交额，分别同比增长超过百分之百[②]。

根据全国家用电器工业信息中心调研数据，拼多多在女性用户、学生群体画像中，用户占比均要高于电商整体近十个百分点[③]。"单身经济"也是助推智能小家电消费的动力，特别是年轻学生和女性消费者，是各种小家电，尤其是网红小家电产品的粉丝和拥护者。同时，以消费者为中心的用户设计和"颜值高"的外观审美也是新青年选择商品所考虑的重要因素。

五、消费量力而为、量钱而为

（一）新青年的消费理念和消费行为更加理性，注重销量和服务，青睐补贴、优惠券和砍价功能

首先，新青年的网购行为越发理性，"性价比"成为需求关键词。他们的日常产品消费金额较低，但也会为了高品质的手机数码产品以及美妆产品买单。"00后"消费行为的两个重要特征是，他们更倾向于根据商品的销量选择商品（均值3.92），以及更加愿意为了更好的、更快的快递服务买单（均值3.54）（如图7-5所示）。统计还发现，从性别上看，男性比女性更显著地倾向于为更好的、更快的快递服务买单。

[①] 美兰德咨询.制胜青春传播营销，从洞察"Z世代"营销潜力开始［EB/OL］.（2020-12-03）［2021-05-25］.https://mp.weixin.qq.com/s/9jcKuqVIwmyhMs6wmeZ6QA.

[②] 杨玉华，张紫赟，阳娜，等."国潮"日渐兴起、消费场景不断"破壁"……看看2020年消费新趋势［EB/OL］.（2020-12-18）［2021-05-25］.https://baijiahao.baidu.com/s?id=1686411107021562414&wfr=spider&for=pc.

[③] 中国家电研究院《2020中国家电行业线上消费趋势报告》［EB/OL］.（2020-12-24）［2021-05-25］.https://baijiahao.baidu.com/s?id=1686942671011358409&wfr=spider&for=pc.

其次,"00后"更愿意将心仪的产品加入收藏栏或者对比栏,货比三家,追求好货不贵,性价比成为需求公约数,而且他们对于"百亿补贴"、优惠券、砍价功能的使用更加依赖。有报道中的被采访者表示,"沦陷"在拼多多的最初原因只是帮朋友"砍价",后来发现拼多多对于家乡美食的个性化智能推送"令人感动",而电子产品的优惠力度大、补贴和优惠券多更是吸引年轻人使用拼多多的重要原因[1]。

再次,"00后"消费行为更加理性,对于"超前消费"的理念和行为有着自己的理解。他们对于分期支付购买一些价格较高的商品,如使用支付宝花呗、京东白条等,持理性使用的态度,认同的程度均值仅为2.18;其中,男性在一定程度上比女性更倾向于使用分期支付购买线上商品。同时,"00后"对于网红产品的尝试倾向同样较为理性(均值为2.8),相较之下,女性在一定程度上比男性更倾向于尝试一些网红产品。此外,"00后"对于"先使用后付费"的方式,也就是先体验商品并在不影响二次销售的情况下退货退款的购物方式,接受程度更高,均值为3.16。

(二)新青年选择购物平台的首要因素:使用便捷性、商品性价比和丰富程度

新青年在选择线上购物平台时,最关注的还是平台使用便捷性(79.2%)以及商品价格和性价比(77.2%)这两个因素。商品丰富程度(47.7%),用户的购物体验(45.9%),如售后服务、物流速度等因素紧随其后。平台精准个性化推送也是他们考虑的因素,选择率为36.1%;支付方式便捷程度(30.7%),如可同时选用微信和支付宝支付等,也是考虑较多的因素。还有21%的"00后"群体在选择购物平台时会参考身边人的使用情况,8.1%的人

---

[1] 陈丹.从"真香"到"真感动"一位95后"渝漂"的拼多多"沦陷史"[EB/OL].(2020-09-22)[2021-05-25]. https://www.cqcb.com/dyh/media/dyh5590/2020-09-22/3024357_pc.html.

会因为有更多志同道合的群体朋友而选择某个平台。此外，明星网红入驻情况也是一部分"00后"关注的因素，占比5.2%（如图7-7所示）。例如，根据全国家用电器工业信息中心的数据，拼多多上销售的商品种类丰富，品牌多元，档次齐全，88%的用户表示在拼多多上购买的产品可以满足日常所需。[①]

选项	百分比
使用便捷性	~80%
商品价格和性价比	~78%
商品丰富程度	~48%
用户的购物体验	~46%
丰富的促销和优惠活动	~45%
精准个性化推送	~35%
支付方式便捷程度	~30%
身边人的使用情况	~20%
有更多志同道合的群体朋友	~8%
明星网红入驻	~5%

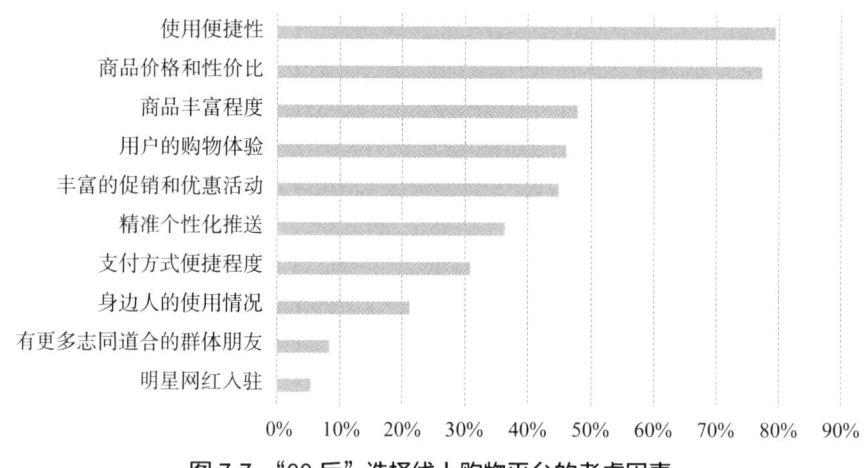

图7-7 "00后"选择线上购物平台的考虑因素

（三）"00后"注重快消品消费，线上购买最多的商品类型是食品零食、日用百货、虚拟商品和电子产品

根据中国青年报·中青在线与拼多多对于超过5700万"00后"用户的画像分析，发现他们"家庭责任感更强，注重购物乐趣，更乐于分享和表达自己，更加注重性价比"。食品零食类产品和虚拟商品，如游戏货币、网站会员、电子刊物等，是"00后"网络消费最多的两大类商品[②]。

根据2020年"00后"网络购物行为调研数据，最近一年他们在拼多多

---

① 中国家电研究院《2020中国家电行业线上消费趋势报告》[EB/OL].（2020-12-24）[2021-05-25]. https://baijiahao.baidu.com/s?id=1686942671011358409&wfr=spider&for=pc.

② 你了解00后吗？中青报联合拼多多发布00后网购画像报告[EB/OL].（2020-05-04）[2021-05-25]. https://baijiahao.baidu.com/s?id=1665724266226330134&wfr=spider&for=pc.

上购买最多的商品类型是食品零食（35.6%）、日用百货（27.3%）、图书文具（19.8%）、饰品（18.2%）、服装鞋包（17%）（如图7-8所示）。同时，电子产品是"00后"感兴趣的线上购买产品。根据拼多多发布的"后高考"消费数据，在2020年7月9日高考结束的首日，该平台数码产品销量较前一天上涨超过210%[1]，可见新青年在电子产品领域的消费力。

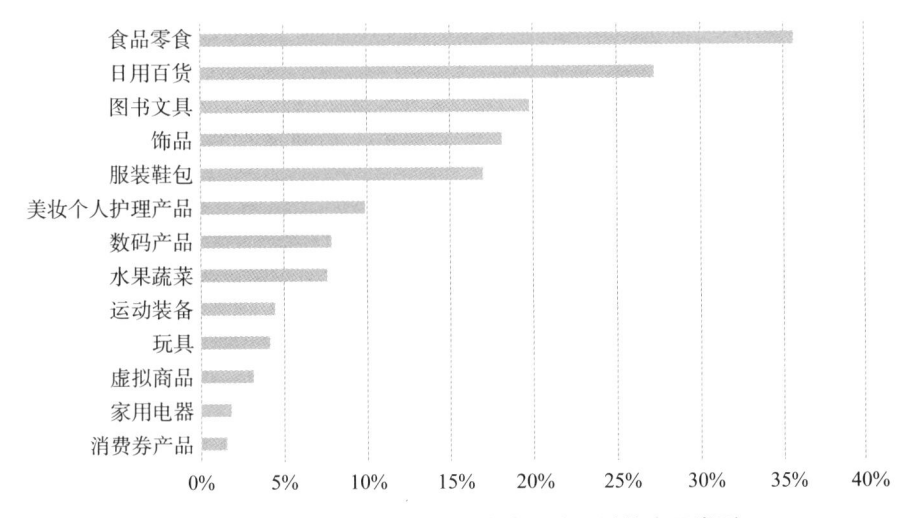

图7-8　"00后"最近一年在拼多多上购买过的商品类型

同样，生活类产品和虚拟商品也是新青年在拼多多消费的主要商品类型。这在男性给女性购买礼物的行为特征中也可以印证这一点。根据拼多多发布的《女神节男性送礼热门商品榜单》，除传统的鲜花、口红、香水之外，"90后"男性与"00后"男性的礼物清单出现了明显的差别，即"90后"更偏好赠送服装、女包、手机，而"00后"则更愿意赠送食品零食（如巧克力、零食大礼包）、虚拟商品（如游戏周边、饰品等）[2]。

---

[1] 高考落幕00后消费暴涨 拼多多数码产品销量上涨210%［EB/OL］.（2020-07-13）［2021-05-25］. https://baijiahao.baidu.com/s?id=1672082798450933347&wfr=spider&for=pc.

[2] 鞭牛士.女神节男性都给女生买什么礼物？90后爱送包，00后爱送游戏周边［EB/OL］.（2020-03-08）［2021-05-25］. https://new.qq.com/omn/20200308/20200308A0KU5A00.html.

（四）"00后"对于生鲜产品也更加感兴趣，近半数在网上买过生鲜产品，看重购物时间自由、产品种类丰富和品控优质

"00后"对于生鲜产品也逐渐感兴趣。在调研的群体中，有49.3%的"00后"曾经在网上购买过生鲜产品。他们对于线上生鲜产品的首选购买渠道，是实体商场超市的线上服务平台（18%）；其次是各类网络购物平台的生鲜频道，如美团优选（10%）、阿里盒马生鲜（5.2%）、京东生鲜（4.5%）、拼多多多多买菜（3%）等。不过，目前使用社区类线上平台购买生鲜的群体比重依然较少，如饿了么社区购（2.8%）、社区电商（1.3%）等，社区电商购物依然有待发展（如图7-9所示）。

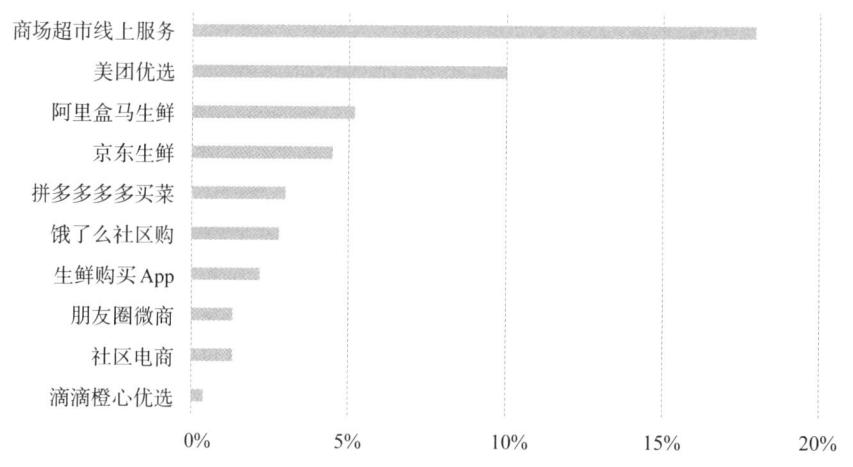

图7-9 "00后"最近一年使用最多的网上生鲜产品购买渠道

相比于线下购买生鲜产品，"00后"群体认为，线上购买生鲜的优势首先在于"购买时间更加自由"（58%），这也是线上购物平台的优势所在，适应新青年学习、工作、生活的节奏。在线上生鲜产品特征优势上，49%的"00后"群体认为线上购买的生鲜产品种类更丰富、选择更加多样；25.5%的群体认为线上购买生鲜价格更便宜；18%的群体认为线上生鲜品控更好、产品更加新鲜（如图7-10所示）。

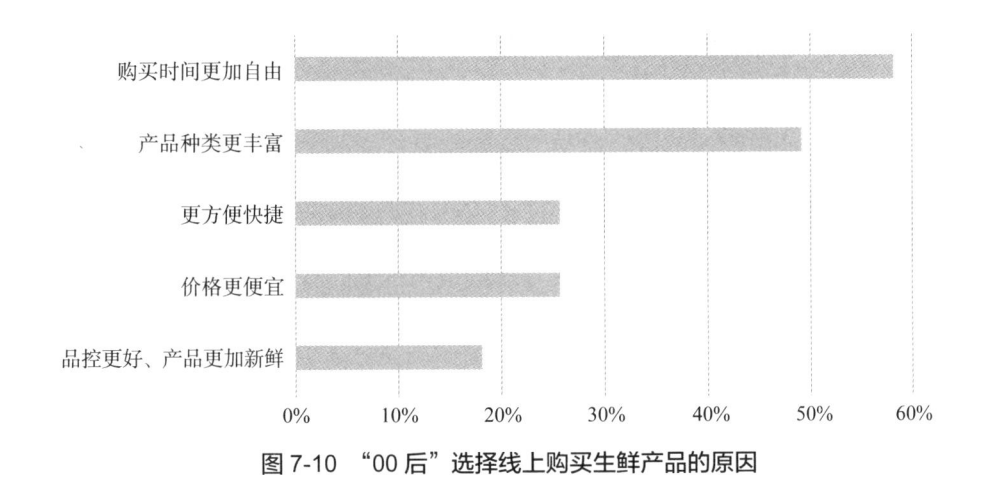

图 7-10 "00 后"选择线上购买生鲜产品的原因

六、互联网新互动模式催生新消费模式

（一）边看直播边买买买，成为一种新的生活方式

1. 新青年更青睐网络直播购物平台，关注产品品牌和网红明星

在各大直播平台"边看边买"，也是新青年群体网络购物的重要特征。"00 后"在购物平台上观看次数最多的直播类型是"产品类""品牌类""网红类""明星类"。最近一年"00 后"线上观看最多的网络直播购物平台为淘宝、抖音和拼多多，随后是京东、快手等平台。

根据 2020 年"00 后"网络购物行为调研数据，很多"00 后"一周观看 1—2 次网络直播购物，甚至有一些"00 后"表示每天都会使用网络直播购物平台，还有近三成的"00 后"表示"只有有购物需求的时候才会观看"。美兰德调研数据显示，"Z 世代"的直播观看和购买行为与其他世代相比，也形成了差异化的特征，他们的消费品类更加注重快消品，消费理念更加前卫，同时消费行为更加谨慎[1]。

---

[1] 美兰德咨询. 制胜青春传播营销，从洞察"Z 世代"营销潜力开始［EB/OL］.（2020-12-03）［2021-05-25］. https://mp.weixin.qq.com/s/9jcKuqVIwmyhMs6wmeZ6QA.

2.新青年购买网络直播购物平台推荐商品的"三大驱动力":商品、需求与直播

"00后"购买网络直播购物平台推荐商品的原因,主要源于三类驱动:商品驱动、需求驱动与直播驱动。

首先,商品驱动,价格和性价比依然占据考虑因素的首位。"00后"认为直播平台推荐的商品"价格优惠"(33.4%)、"商品性价比更高"(28.1%)、品种齐全(16%)。其次,需求驱动,因为"自身购买需求"选择购买直播平台推荐产品的"00后"占比23.3%。最后,直播驱动,"00后"认为在网络直播购物平台上可以"通过直播更全面地了解商品"(13.7%)、"喜爱的博主网红推荐"(13.1%)、"将观看直播当作一种娱乐活动"(6.6%)、"直播节目互动性好"(4.9%)、可以看到"购买该产品人数众多"(4%),以及"出于对主播的信任"(3.8%)(如图7-11所示)。

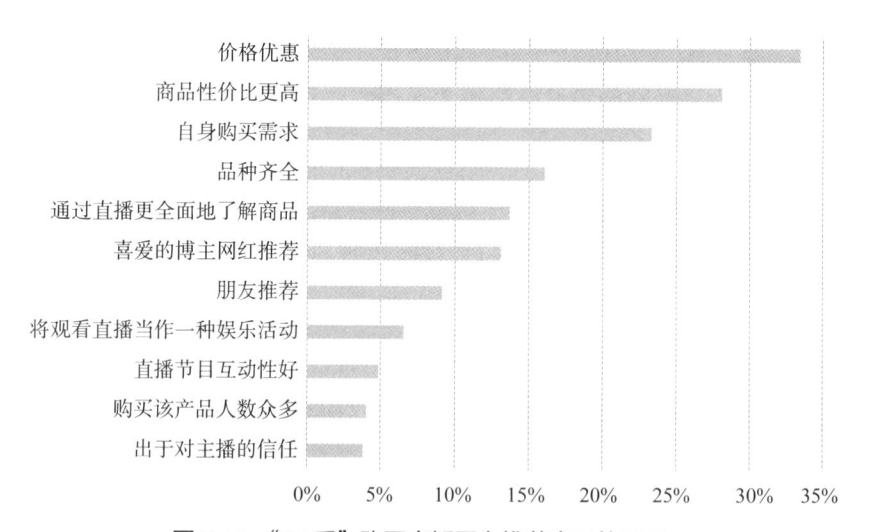

图7-11 "00后"购买直播平台推荐商品的原因

(二)注重体验和分享

1."身边人分享"和"砍价助力"是新青年开始使用拼多多的原因

根据中国青年报·中青在线和拼多多的用户画像分析,在"拼小圈"

中分享自己的评价，并且大方提供"买家秀"供有相同购物爱好的其他人参考，是伴随"00后"网购行为的自然选择。超九成的"00后"曾主动邀请好友拼单、购买好友分享的商品、助力好友"领现金红包"任务等[①]。可见"00后"的线上购物不再只是单纯的"买买买"，而是将购物、娱乐、社交完美融合在一起，将线上购物平台作为满足自身不同层次心理需求的公共空间，这也对电商平台的功能化、嵌入性、个性化提出了更高的要求。

新青年开始使用拼多多的原因在于身边人分享和砍价助力行为，以及广告和社交媒体的推送。在"00后"群体中，27%是通过身边人推荐了解并开始使用拼多多的；17.7%是因为社交需要，如砍价助力等；广告也是重要的接触平台，10.7%的人因为拼多多的广告推送开始使用；8.4%的人是通过各大网络媒体平台，如微博、微信、小红书、哔哩哔哩等博主的推荐，以及其他媒体如电视、报纸、广播等的报道开始了解并使用拼多多软件（如图7-12所示）。对于在拼多多上的购物体验，大多数用户普遍认可，根据全国家用电器工业信息中心的数据，68%的用户比较满意，18%的用

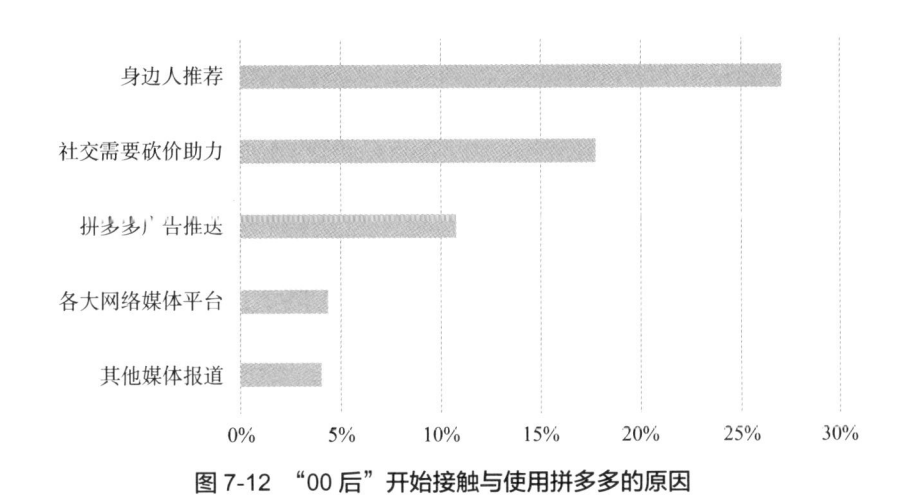

图7-12 "00后"开始接触与使用拼多多的原因

① 鞭牛士.女神节男性都给女生买什么礼物？90后爱送包，00后爱送游戏周边［EB/OL］.（2020-03-08）［2021-05-25］. https://new.qq.com/omn/20200308/20200308A0KU5A00.html.

户非常满意，有超过七成用户会选择继续在拼多多购物①。

2. 新青年的"分享式消费"体现在推荐商品、助力砍单和"拼小圈"上

根据2020年"00后"网络购物行为调研数据，"00后"在网购时的分享行为中，"帮助好友助力砍单"以及"向身边人推荐商品"的分享行为都较为积极（如图7-13所示）。其中，相对于男性来说，女性明显更加愿意向身边人推荐商品。

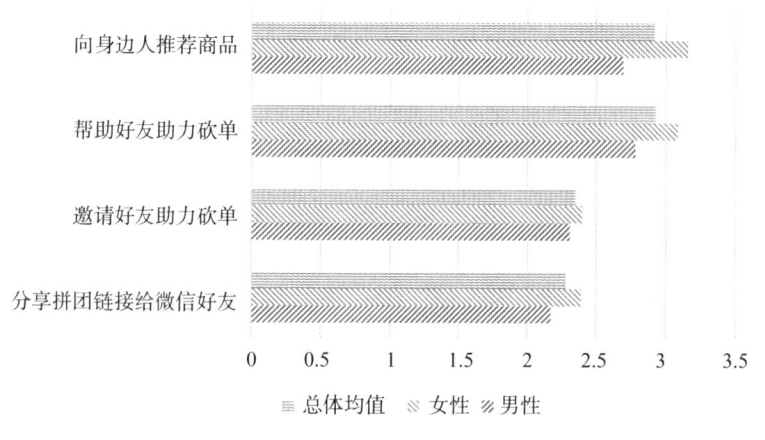

图7-13 "00后"网购时的分享行为

《启航中国：国货品牌力发展报告》显示，是否可以满足精神上的满足感，正在和物质满足感一起逐渐影响消费者的购买决策，"情绪消费时代"正在到来②。因此，媒介技术与媒介形态的提升，不仅加快了消费者决策的时间、缩短了决策的路径，也为他们带来了更多圈层式消费、体验式消费、分享式消费的渠道。

---

① 中国家电研究院《2020中国家电行业线上消费趋势报告》[EB/OL].（2020-12-24）[2021-05-25]. https://baijiahao.baidu.com/s?id=1686942671011358409&wfr=spider&for=pc.
② 巨量引擎，巨量算数，时尚集团.启航中国：国货品牌力发展报告[R/OL].（2020-12-25）[2021-05-25]. https://pdf.dfcfw.com/pdf/H3_AP202012251443801697_1.pdf?1608913945000.pdf.

新青年群体也在使用拼多多上的"拼小圈",21%的人会关注好友的拼小圈,16%的人会在拼小圈点赞评论,18.4%的人会关注好友的拼小圈动态。对于拼小圈的使用给"00后"带来的影响,首先是购物方便快捷(21.9%),其次是购物兴趣增加(11.1%),最后是可以更深入了解微信好友。不过,也有24.3%的人认为拼小圈可能会带来过度社交的困扰,另有29.9%的人担心拼小圈可能会造成个人购物隐私的泄露。

3. 新青年热衷于拼团和分享行为:拼多多是主要拼团软件,更加关注性价比

拼团软件的使用也是新青年群体进行分享式消费和体验式网络购物的特征之一。在被调研的"00后"群体中,63.9%的人表示最近一年使用过拼团软件。他们使用最多的拼团软件就是拼多多;其他软件包括淘宝拼团(3.5%)、京东拼购(2.2%)、美团拼团(0.9%)、苏宁拼团(0.3%)等。

"00后"选择拼团软件时,首要关注的因素是"价格更实惠"(54.8%)、商品"性价比更高"(44.1%),并且"质量有保障"(22.4%);其次是平台操作简单、服务好,"拼团发起更便捷"(17.2%)、"物流更加便捷"(14%)、"服务更贴心"(11.6%);最后是"社交影响力更大"(7.5%),发起拼团后参与人更多。

4. 哪些"00后"更倾向于选择使用网购拼单软件:每周网购时间较长、年龄较低、下沉市场以及女性用户

"00后"选择使用网购平台的群体也具备一定的典型特征。具体来说,在倾向于使用淘宝的相同性别群体中,"00后"表现出来的特征是每周网购时间较长,网购金额也比较多,一、二线城市使用的人数相较于三、四线城市和农村地区使用的人数略多,但各区域大致均衡。

"00后"选择使用拼多多的群体也具备一定的典型特征。在倾向于使用拼多多的相同性别群体中,"00后"表现出的特征是每周网购时间较长,年龄较低，三、四线城市以及农村地区使用的人数比例略高于一、二线城市使用的人数比例；而控制了网购时间、网购金额、学历、年龄、地方等因素，女性群体数量比男性群体数量略高。

同时研究发现，"00后"选择拼多多进行网购的最主要原因是价格便宜（57%），商品性价比高（23.4%），团购优惠力度较大（20.7%），种类丰富（11.2%），支付方式更加便捷（8%），好友分享推荐（7.9%），用户的购物体验良好（5.2%）（如物流速度快、售后服务好等），拥有小程序和App购物方便（3.8%）（如图7-14所示）。

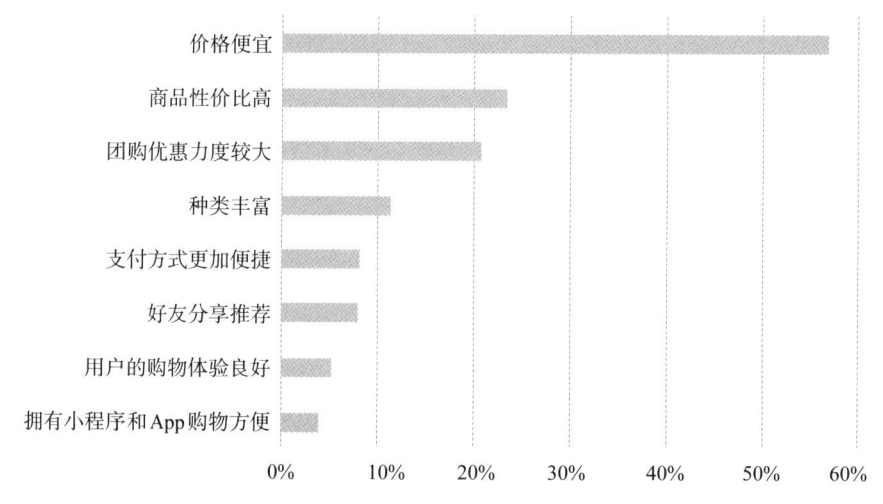

图7-14 "00后"选择拼多多进行网购的原因

因此可以发现，相比于选择淘宝的"00后"群体，女性群体、更低的年龄层群体、下沉到三、四线城市以及农村地区的群体，更可能倾向于选择使用拼多多App进行线上购物。此外，拥有更多的网购时间、更低学历的群体，也在一定程度上更倾向于选择使用拼多多App。

第三节 "00后"新青年群体未来线上线下消费市场发展趋势

一、商品网红化与网红商品化

近年来,随着注意力经济的崛起,"网红"成为消费的一种新时尚,商品网红化和网红商品化成为未来线上线下消费市场的一种趋势。商品网红化是将相关商品借助平台的宣传甚至炒作,从而将社交媒体聚焦的关注度转变为商业价值,通过网红庞大的粉丝群体、意见领袖影响力和内容再创造能力使得商品能够在特定人群中迅速传播和被"疯狂购买",实现精准营销、病毒营销和情感营销,让流量赋能商品。无论是商品网红化还是网红商品化,都是强调品牌的"网红化",靠着社交化、情感化的沟通,才能够明显加深用户对品牌的偏爱程度。正如罗振宇所说的,"互联网时代,特别是移动互联网时代,品牌是基于人格魅力带来的信任与爱,是品牌的去组织化和人格化"。

二、消费仪式化与体验极致化

仪式化行为广泛存在于人们的日常活动之中。万物皆可"仪式化",人类的任何行为都有相关的仪式化行为与之相对应。消费作为人类重要的经济活动之一,包含大量仪式化行为,其中也伴随着商品或服务的消费,而某些特定的消费活动本身甚至就是一种仪式。同时,仪式化行为也能够促进消费,"仪式感"是对生活的重视,是平淡生活里的调味品,是赋予一件单调普通的事情以意义。对于"00后"而言,"仪式感"是内心自我提升的一种外在体现——这一刻是非比寻常的,意味着与旧的事物告别。同时"仪式感"也是新青年群体表达内心情感最直接的方式——"每天做这个很有仪式感",这也满足了人们的一部分精神需求。在社交平台的推波助澜之下,"仪式感"成为消费的新出口。"仪式感"是"00后"的"圈子文化"和"标签哲学",社交网络文化是其经济生长发育的土壤,社交平台是其外在推动力,网络这个丰沃的土壤让人们看到了社交网络滤镜下的美好生活,并将其作为仿效的对象。

三、城乡青年群体消费零距离、无缝化

以往城市与农村之间消费存在巨大的鸿沟,城镇居民更追求休闲、享受型消费。但随着电商购物的普及和新冠疫情的双向叠加,农村与城市面临的商品市场环境陡然一致,在可以上网的地方都可以购买到同样的物品。小镇青年与城市白领面对的购物选择同质化,尤其是以拼多多为代表的以生活必需品为主的电商平台的兴起,使得在一些基本生活必需品的品牌和档次上,城乡二元的消费结构被彻底打破,城市白领的消费禁脔也成为小镇青年津津乐道的品牌和产品。虽然两者在高层次消费能力上还存在不小的差距,但在基本生活必需品及生鲜等方面基本上保持在同一水平。未来,随着城市白领懒人消费和迷你消费的流行,小镇青年消费理念的革新和消费能力的提升,城乡青年群体的二元制消费差异会日益弥合,实现无缝化衔接。

四、圈层精细化

随着社交消费茧房的形成和消费群体内部的日益固化,营销者需要对

这些基于圈层的虚拟商圈进行充分的市场资源挖掘，通过圈层营销形成圈层消费，从而打造完整的圈层商业的生态体系。圈层化消费是一种机会，与以往的市场人群细分不同，圈层消费有机会打造爆款品类，如目前流行的盲盒一类的产品。社交属性是圈层消费的核心，种草是圈层消费转化为实际购买行为的关键砝码，如在微信、抖音、小红书、B站上有大量种草内容。另外，圈层消费的黏性高，所以口碑和私域流量的重要性更强，圈层化消费时代更要注重口碑，同时做好公域流量私域化。

五、消费与娱乐的无界化：消费即娱乐、娱乐即消费

网络直播带货作为一种新的促销方式，看带货直播越来越成为新青年重要的休闲娱乐方式，甚至消费是其次，娱乐成为第一位的精神需求。另外，新青年在消费结构中的娱乐支出的比重不断攀升。据艾瑞咨询发布的《中国新时代线下娱乐消费升级研究报告》显示[1]，"00后"新生代在文化娱乐消费的占比已超过24.5%，消费意愿旺盛，在消费频次和金额上，接近50%的"00后"每周至少参与一次线下娱乐，45%左右的"00后"半年内在线下娱乐投入超过100元。品牌也在娱乐中植入消费场景，如典型的新晋品牌元气森林，通过多媒介以及综艺冠名触达与品牌契合的年轻消费者，接连冠名多部热播综艺节目，通过节目内容及形式贴合"00后"新青年人群。未来随着泛娱乐化的时尚逐步加强，这种"消费即娱乐、娱乐即消费"的趋势会成为新的消费时尚。

---

[1] 艾瑞：新生代崛起催生新娱乐业态，中国线下娱乐市场2019年将到4900亿元［EB/OL］.（2018-07-30）［2021-05-25］. https://report.iresearch.cn/content/2018/07/275829.shtml.

第八章 网购信心指数调研报告*

第一节 调研背景

  随着互联网的不断发展和进化，新形式的消费方式和业态也在不断变化。在移动互联网发展的同时，大数据、云计算以及5G技术的应用和普及也使得社会场景变得更加丰富多彩。在此基础上，"算法"在改写传播领域现实状况的同时，也在重新构建一套全新的传播规则，同时让参与其中的每一个个体以这种方式重新审视、体验和消费，乃至创造一种全新的传播方式。参与消费，也就不仅仅是消费。

  网购消费信心是指消费者对于网购消费的满意度和未来预期，以及对于收入水平的评价和预期。根据消费者信心指数，"消费者信心（或情绪）的变化导致其消费决策的改变，从而影响经济发展的进程"。因此，网购消费信心指数是对于网购消费者心理主观感受的测量，也是反映消费者网购信心（或情绪）变动程度的指标，可借此预测未来一段时间内消费者的网购消费决策，以及网购产业的未来发展趋势。

  CNNIC（中国互联网络信息中心）发布的第48次《中国互联网络发展状况统计报告》显示，截至2021年6月，我国网民规模达10.11亿，较2020

---

* 北京师范大学新闻传播学院硕士研究生赵文宇对此章写作亦有贡献。

年12月增长2175万，互联网普及率达71.6%，较2020年12月提升1.2个百分点。同时我国手机网民规模达10.07亿，较2020年12月增长2092万，网民使用手机上网的比例为99.6%，与2020年12月基本持平。其中，我国网络购物用户规模达8.12亿，较2020年12月增长2965万，占网民整体的80.3%。在庞大的网民基数下，蕴藏着巨大的网络消费市场和潜力（如图8-1所示）。国家统计局数据显示，2021年上半年，全国网上零售额61133亿元，同比增长23.2%。其中，实物商品网上零售额50263亿元，同比增长18.7%。在整体经济发展由高速增长转入中高速，向高质量发展转变的新常态下，网络消费市场的快速发展值得关注。

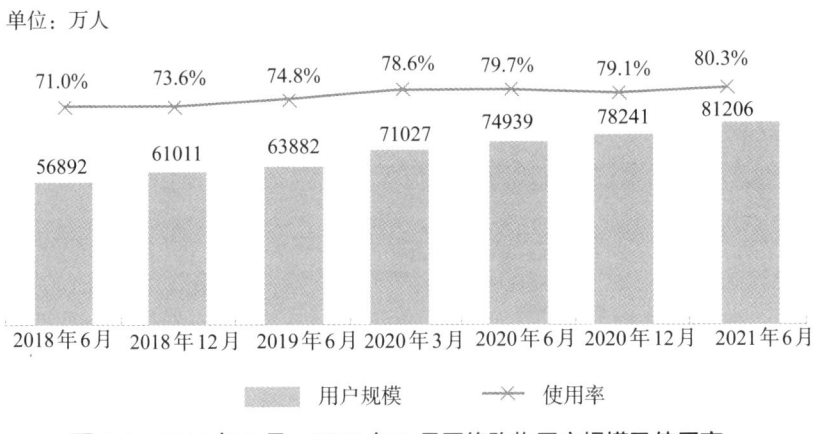

单位：万人

时间	用户规模	使用率
2018年6月	56892	71.0%
2018年12月	61011	73.6%
2019年6月	63882	74.8%
2020年3月	71027	78.6%
2020年6月	74939	79.7%
2020年12月	78241	79.1%
2021年6月	81206	80.3%

图 8-1　2018年6月—2021年6月网络购物用户规模及使用率
图源：CNNIC第48次《中国互联网络发展状况统计报告》

本次调查通过电子化方式采集样本。按照第七次全国人口普查结果，样本覆盖全国34个省级行政单位，综合性别、年龄、城乡分布进行抽样数额的参考，进行配额抽样。通过对消费收入预期，消费者对政策市场环境预期，消费者对国内和跨境网购价格水平预期，消费者的耐用品、快消品、国货消费预期，消费者对网购安全性、便捷性、可靠性预期，消费者对网购（退货、品质）纠纷评价等问题的分析，探究消费者对于消费环境的感知，分析消费者网络消费的主观意愿和影响因素，厘清消费信心与消费行

114 / 新青年的网络生活与消费形态

为的关系，为网络消费和经济社会的发展提供一定的参考和借鉴。

第二节 调研报告的基本概述

此次调查共采集到7070份样本，有效样本7048份。其中有过网购行为的受访者为6953位，占总受访者的98.7%。总体平均年龄为35岁，中位数为51.5岁，其中，20—24岁、25—29岁、30—34岁、35—39岁是受访者最为集中的年龄组（如图8-2所示）。

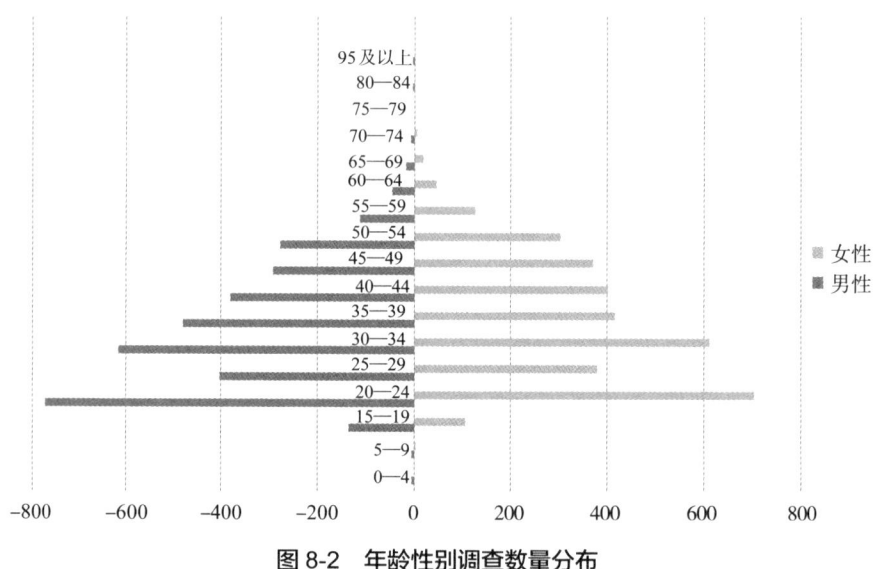

图 8-2 年龄性别调查数量分布

在受访者中，拥有大学及以上学历的人占86%，是本次调查中的主要群体。其中拥有大学本科学历的人数为2803人，占总数的40%（如图8-3所示）。

在受访者的职业分布上，企业/公司一般人员、在校学生、个体户/自由职业者分别为1309人、1086人、895人，是此次调查中数量最多的三种职业（如图8-4所示）。

图 8-3 学历情况分布

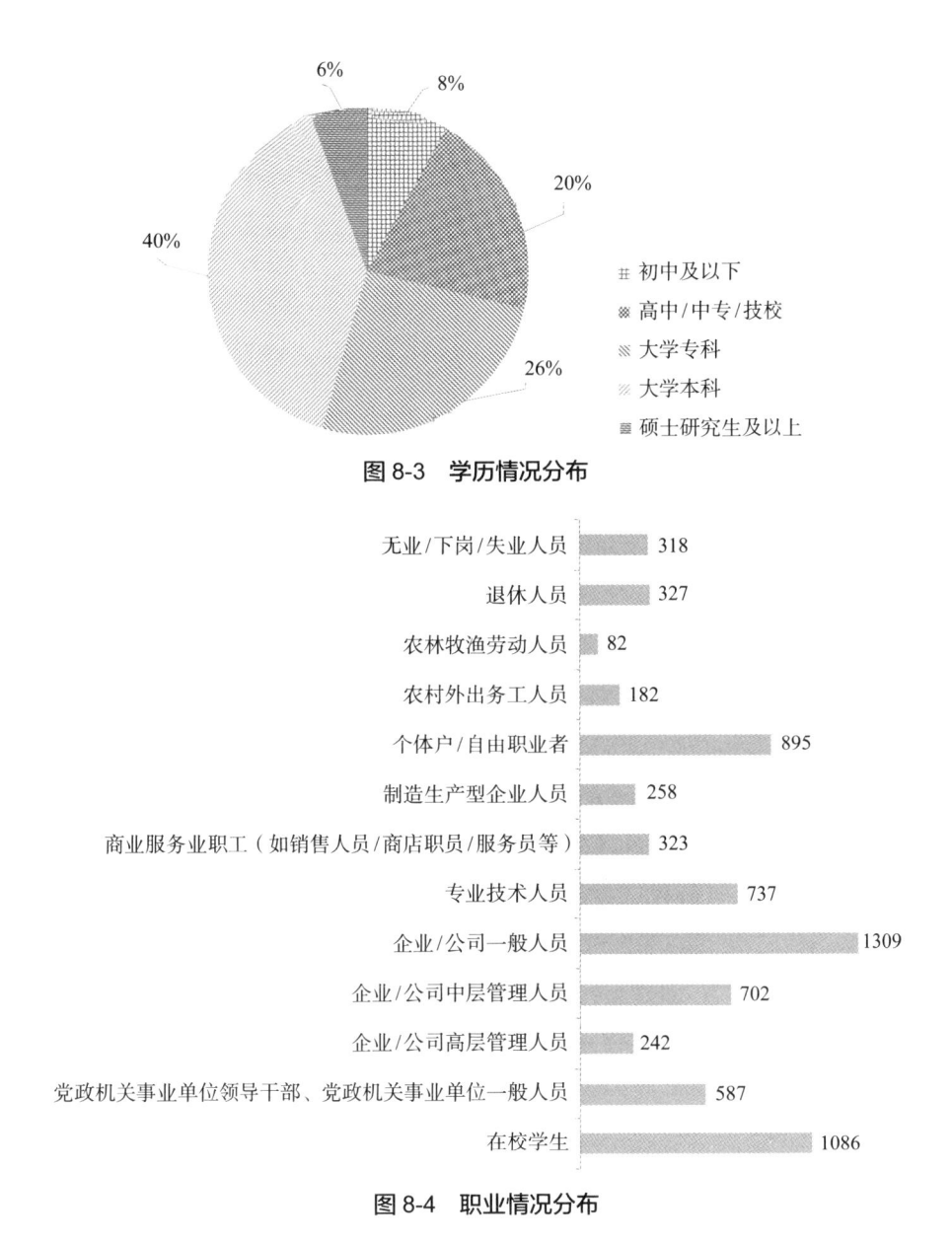

- 初中及以下 6%
- 高中/中专/技校 8%
- 大学专科 20%
- 大学本科 40%
- 硕士研究生及以上 26%

职业	人数
无业/下岗/失业人员	318
退休人员	327
农林牧渔劳动人员	82
农村外出务工人员	182
个体户/自由职业者	895
制造生产型企业人员	258
商业服务业职工（如销售人员/商店职员/服务员等）	323
专业技术人员	737
企业/公司一般人员	1309
企业/公司中层管理人员	702
企业/公司高层管理人员	242
党政机关事业单位领导干部、党政机关事业单位一般人员	587
在校学生	1086

图 8-4 职业情况分布

由于区域的限制和差异，受访者的收入水平也呈现出差异化。数据显示，有72.5%的受访者的月收入在1001—10000元（如图8-5所示）。

在婚姻和生育状况方面，已婚人士占据总人数的62%，有61%的受访者已经育有下一代（如图8-6所示）。2021年5月31日，中共中央政治

图 8-5　收入情况分布

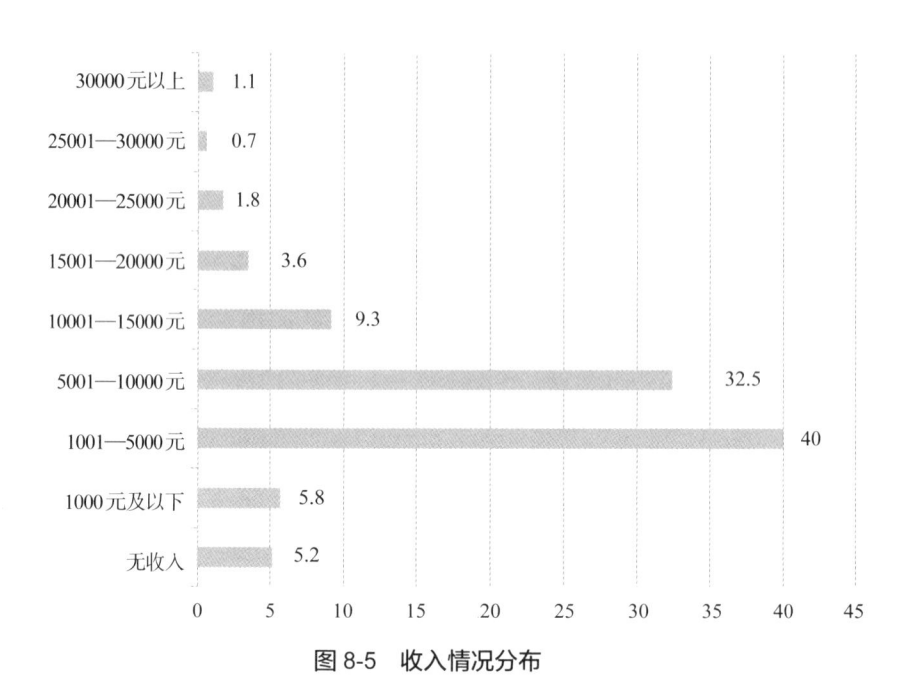

图 8-6　婚姻与生育状况分布

局召开会议，审议《关于优化生育政策促进人口长期均衡发展的决定》并指出，为进一步优化生育政策，实施一对夫妻可以生育三个子女政策及配套支持措施。随着生育政策的调整，新的婚育状况将会带来消费环境的新变化。

在调查中，98.7%（6953人）的受访者都有过网购经历，为此次调查的有效研究对象。在有过网购经历的人群中，有10%的人认为自己的网购频率是低的，同时只有5%的受访者认为自己网络购物是不方便的（如图8-7、图8-8所示）。

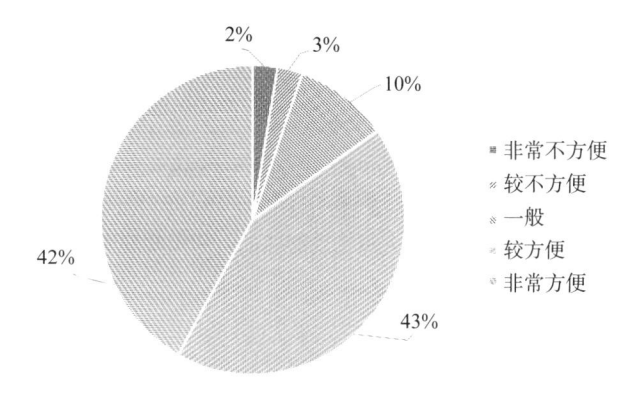

图 8-7　网络购物方便程度

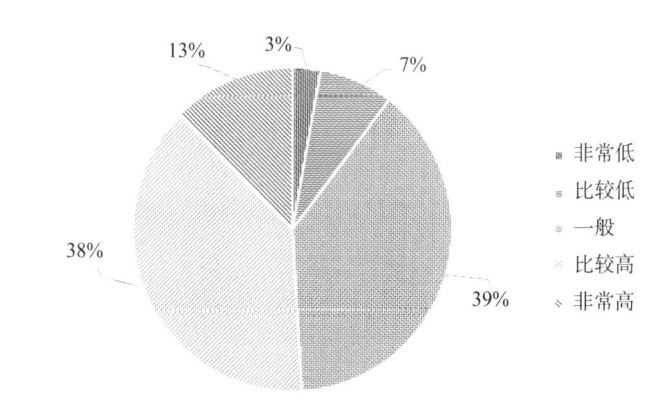

图 8-8　网络消费购买频率

总体上看，绝大多数有过网购经历的人认为网络购物是方便的。在本次调研前一周的网购消费金额中，花费100—500元、501—1000元以及100元以下的为主要人群，分别占据39.6%、22.1%以及15.2%（如图8-9所示）。

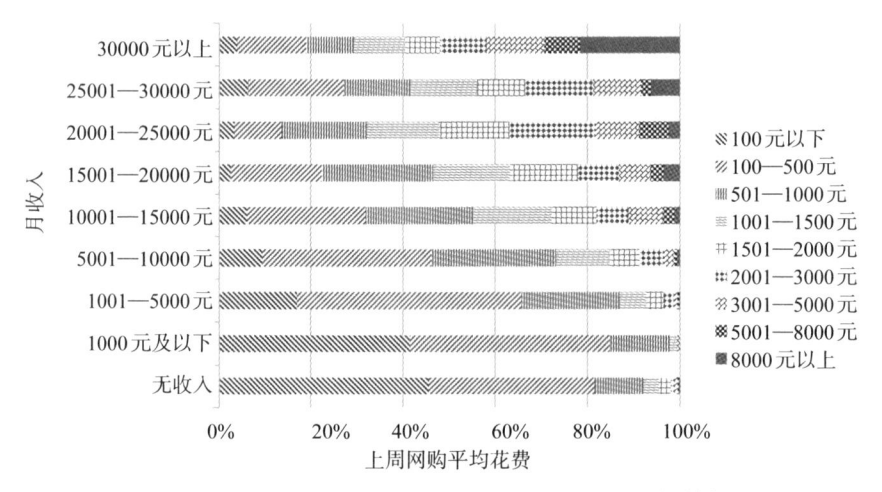

图8-9　个人月平均收入与本次调研前一周网购平均花费

第三节　网络购物消费情况的基本结论

一、消费观念的多元化，核心仍是理性消费

消费观念是指消费者的价值观，是消费者对消费对象整体的价值取向或评价，通俗地说，就是消费者喜欢什么样的产品或购买何种类型的产品最满足他的需要[1]。消费观念不仅是个人经历和体验的反映，同时也折射出时代的政治、经济和文化的发展脉络。从节俭消费观到世俗化和从众化，再到理性

---

[1] 杨魁，董雅丽.消费主义文化的符号化解读［J］.现代传播（中国传媒大学学报），2003（1）：131-133.

消费观，旧的消费观得以保留，新的消费观也在顺应时代发展层出不穷。

对于网络购物消费观念，节约型即"消费要量入为出、理性节制"和享乐型即"消费要享受乐趣和个性，注重情感联结和品质细节"的观念是受访者最认同的两个观念，分别有45%和31%的人对此观念表示认同（如图8-10所示）。在经济学中有"理性经济人"这一经典假设，"作为经济决策的主体都是充满理性的，即所追求的目标都是使自己的利益最大化"。量入为出、理性节制就是在一定条件下实现效用的最大化。在这一经典假设的背后，往往存在着显而易见的反例。一个人可以为了便宜几角钱在菜市场与商贩来回砍价，也可以为了商场橱窗里心爱的大衣豪掷千金。然而，经济学家西蒙在20世纪40年代指出，有限理性指的是人们针对一件事情，不可能做到完全的理性或完全的非理性，人们往往只是在寻求自己满意的答案[1]。

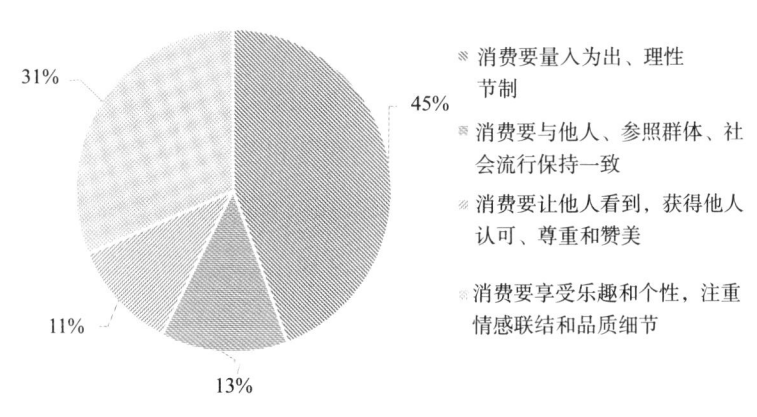

图8-10 网购消费观念的认同

事实上，在调查分析的数据中也体现了这一点。人们一边在追寻着量入为出、理性节制的消费理念和方式，一边又在追求享受乐趣和个性，注重情感联结和品质细节。后者从个人的主体性出发，尊重自己的需求和选择，更多地看重购物消费背后的文化内涵。节俭思想是中国古代传统的延

---

[1] 李忱，乔世君.我国城市中产阶层消费观念与消费模式研究[J].商业经济研究，2020（21）：45-49.

续，而伴随着时代发展兴起的理性的现代消费观念，体现了传统消费观念的延续以及现代化、理性化的总体发展趋势[①]。

同时，受访者对于"消费要与他人、参照群体、社会流行保持一致""消费要让他人看到，获得他人认可、尊重和赞美"这类从众化、炫耀性的消费观念的认同度最低。这类消费观念主要起源于20世纪80年代中期到90年代中期，面对快速的社会变化和琳琅满目的商品，消费者一方面感到新鲜刺激，深深被时代的发展所吸引，另一方面却有种种的不适应和不确定。一方面，随着物质生活不断丰富，现代消费观念不断形成，从众消费的观念在一定程度上得到保留，但是已经很难在当代社会生活中占据主流。另一方面，从众是社会大众和群体不可避免的选择，而非理性的从众消费心理往往也会对社会产生消极的影响。

不同性别、代际、区域之间产生的消费观念差异，都在体现着消费观念的群体性差异。首先从性别角度来看，男性和女性在消费观念上的差异并不显著（如图8-11所示）。在时代发展过程中，女性社会地位的提升和社会整体发展水平的提高，以及教育的普及和发展，使得男女之间的受教育水平和信息处理能力的差距在不断缩小。同时，男性对于"消费要量入为出、理性节制"的观念认同度略高于女性，这意味着男性比女性更可能具有节俭消费观念。而女性对于"消费要享受乐趣和个性，注重情感联结和品质细节"的观念认同度略高于男性，表明女性也在逐渐摆脱以家庭为中心的消费观念，逐步接纳更多元、更自主的消费观念。观念更加自主、弹性、多元化，也体现了青年自己的爱好、兴趣、个性的变迁，这种非常个性化的消费观念，十分符合青年的性格，有利于青年的发展，增强了青年消费的选择性[②]。

---

① 吴翠萍. 改革开放30年与青年消费观念的变迁[J]. 中国青年研究，2008（1）：17-20.
② 吴翠萍. 改革开放30年与青年消费观念的变迁[J]. 中国青年研究，2008（1）：17-20.

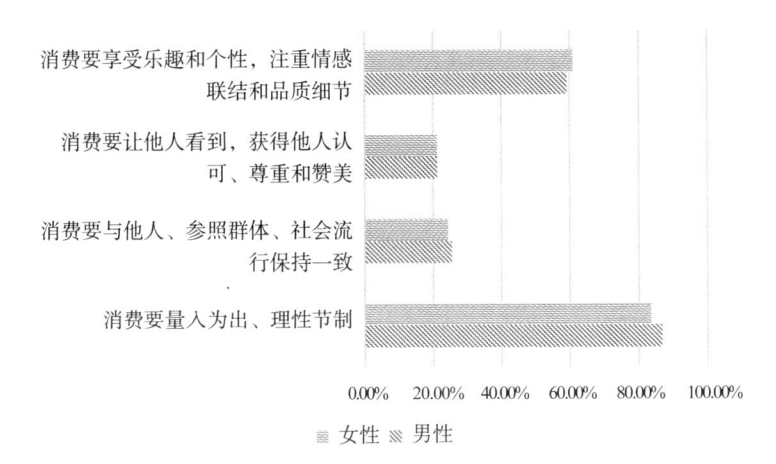

第三部分 "新青年新消费"网购商家与消费者报告 / 121

图 8-11 消费观念的性别差异

而在代际差异上,"90后"群体对于"消费要享受乐趣和个性,注重情感联结和品质细节"观念的认同度是最高的。中国自20世纪80年代进入大众传媒时代以来,青年的消费观念随着媒介传播的消费价值取向的主题不断发生变化[①]。伴随着改革开放和社会的不断发展、多元文化的涌入,以及现代科技的进步,"90后"的生活方式与之前的任何一个年龄群体都不甚相同。"70后""60后"对于"消费要量入为出、理性节制"的认同度比其他群体都要高(如图8-12所示)。在改革开放之前,社会消费观念受到传统的"成由勤俭败由奢"的观念影响较大。社会发展带来的消费观念转型,对他们已经相对成熟的"三观"影响相对较小,消费观念也就得以延续和优化。同时,在不同群体间的消费观念差异中,新中产阶层群体的数量增长、年龄进一步年轻化也在改变着当下的消费模式,由"收入/负债—消费"模式转向"需求—消费"模式[②]。

值得警惕的是,"10后"认同"消费要让他人看到,获得他人认可、尊重和赞美"消费观的比重高于其他任何一个群体。所谓炫耀性消费,是以

[①] 郑红娥.消费社会研究述评[J].哲学动态,2006(4):69-72.
[②] 李忱,乔世君.我国城市中产阶层消费观念与消费模式研究[J].商业经济研究,2020(21):45-49.

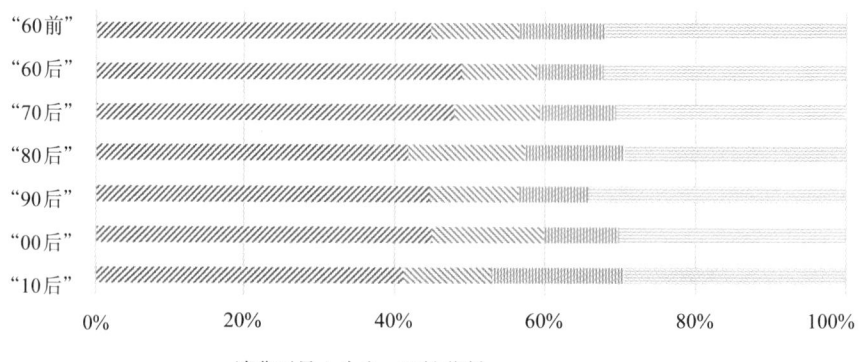

```
"60前"  ▨▨▨▨▨▨▨▨▨▨▨▨▨▨▨▨▨▨
"60后"  ▨▨▨▨▨▨▨▨▨▨▨▨▨▨▨▨
"70后"  ▨▨▨▨▨▨▨▨▨▨▨▨▨▨
"80后"  ▨▨▨▨▨▨▨▨▨▨▨▨▨
"90后"  ▨▨▨▨▨▨▨▨▨▨▨▨▨
"00后"  ▨▨▨▨▨▨▨▨▨▨▨▨
"10后"  ▨▨▨▨▨▨▨▨▨▨▨▨
        0%    20%    40%    60%    80%   100%
```

▨ 消费要量入为出、理性节制
▨ 消费要与他人、参照群体、社会流行保持一致
▨ 消费要让他人看到，获得他人认可、尊重和赞美
▨ 消费要享受乐趣和个性，注重情感联结和品质细节

图 8-12　消费观念的代际差异

炫耀金钱的力量为主要内容的消费行动，是人们博取荣誉、得到心理满足的手段[①]。波德里亚在《消费社会》中描述了一个这样的社会：消费取代生产、一切物品都成为符号，人们沉醉于符号与物品的消费，逐渐在社会和生活中迷失自我[②]。时至今日，这样的观点依然在警醒着世人，理性面对消费主义的发展。"故今日之责任，不在他人，而全在我少年"，引导青少年树立正确的消费观，对国家发展、社会进步都有着至关重要的价值和意义。

在网购消费观念认同排序的调查中，对于"消费要享受乐趣和个性，注重情感联结和品质细节"这一观念的认同出现一定的分歧，在第二顺位的选择上，有54%的人选择了这一观念。同时，在第四顺位的选择上，也有49%的人选择了这一观念（如图8-13所示）。一方面人们强调消费要追求个性和品质，另一方面又对这样的观念不置可否，消费者对于这一网购消费观念的认知，呈现出较为模糊的状态。

---

① 胡荣，林彬彬.媒体使用对居民消费观念的影响［J］.江苏行政学院学报，2019（2）：63-70.
② 波德里亚.消费社会［M］.刘成富，全志钢，译.南京：南京大学出版社，2000.

第三部分 "新青年新消费"网购商家与消费者报告 / 123

图 8-13 网购消费观念认同排序

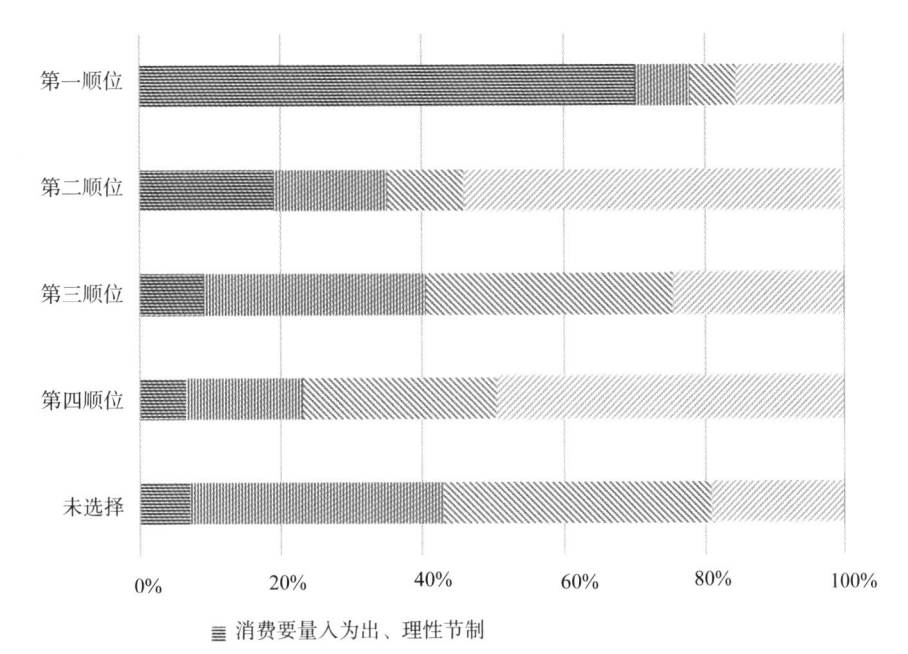

图例：
- 消费要量入为出、理性节制
- 消费要与他人、参照群体、社会流行保持一致
- 消费要让他人看到，获得他人认可、尊重和赞美
- 消费要享受乐趣和个性，注重情感联结和品质细节

在对生育状况与"消费要享受乐趣和个性，注重情感联结和品质细节"观念进行综合分析发现，随着生育的孩子数量增多，消费者对于这一观念不认同的人数比重在逐渐上升。超过六成没有生育的人认同这一观念，而接近六成的生育三个孩子的人对这一观念并不认同（如图8-14所示）。在未生育时，消费者消费和购物更多地会从自身出发，以满足自己的个性和情感需要为目的。由于消费层次的不同，上网的消费者大都具有敏锐的购买意识，始终引领着消费潮流[1]。而随着生育孩子数量的增多，对于家庭、孩子的投入也随之不断增加，教育、医疗卫生以及其他开支可能会改变人们对于消费观念的理解和选择。

---

[1] 程璐.网络信息认知对中国农村居民消费观念的影响研究[J].中国管理科学，2014，22（S1）：511-518.

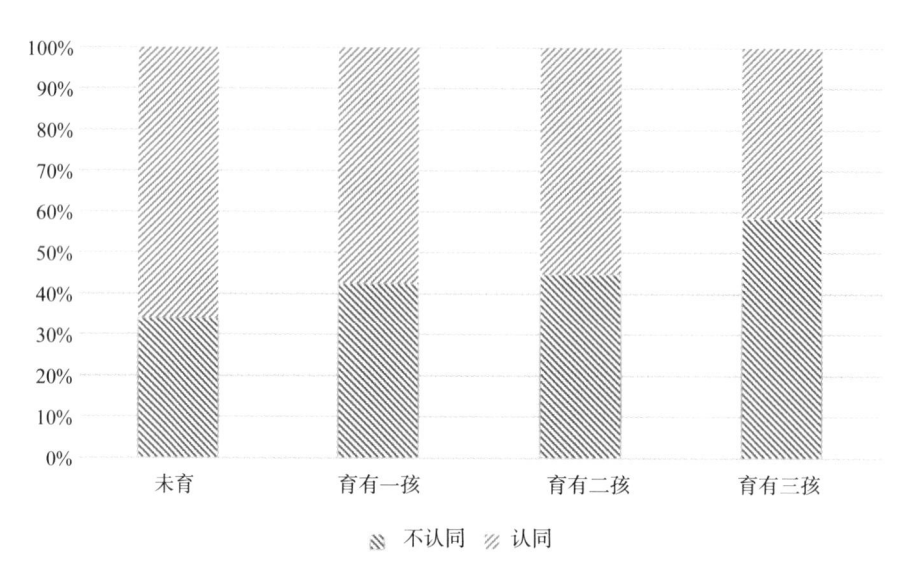

图 8-14　生育状况与"消费要享受乐趣和个性，注重情感联结和品质细节"

二、网购平台类型多样，消费渠道更加广泛

在网络消费的平台选择中，首先，如淘宝、京东、拼多多等国内全品类平台占据38%，是受访者最常使用的平台类型。其次，移动社交电商平台，如抖音、快手、小红书等新兴的购物平台占比也达到18%。相较于新兴的购物方式和平台，传统的实体商场和基于当地场景提供服务的超市线上服务平台，只占到总数的15%，位列第三。再次是跨境电商、海淘网站、二手交易平台以及视频网站会员购物平台。受众群体数量相对较小的粉丝群体专属购物平台的占比最低（如图8-15所示）。

疫情期间，网络购物和服务成为日常生活的"新常态"。无论是李佳琦的爆火还是央视推出主持人组合"央视boys"直播带货，以抖音、快手等短视频App为平台的购物方式，成为如今人们日常网络购物的重要选择，以至于与传统的实体商场相比，获得了更多用户的青睐。视频购物并不稀奇，早在电视时代就受到消费者的追捧。相较于之前的电视直播、网络直

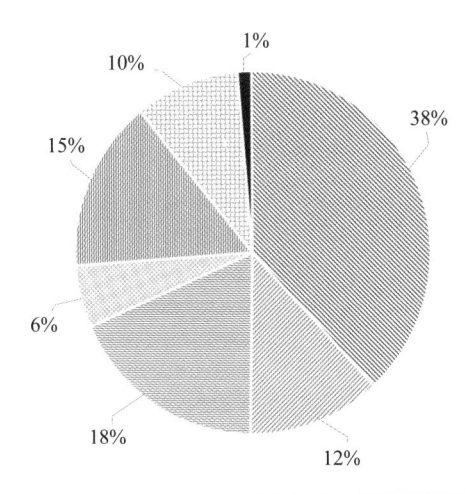

图中数据：38%、1%、10%、15%、6%、18%、12%

图例：
- 国内全品类平台（如淘宝、天猫、京东、拼多多、唯品会、当当网等）
- 跨境电商、海淘网站（如国外亚马逊、各国外品牌官网、天猫国际、Net-a-porter等）
- 移动社交电商平台（如抖音、快手、小红书、朋友圈微商）
- 视频网站会员购物平台（如哔哩哔哩、腾讯视频、芒果TV）
- 实体商场、超市线上服务平台
- 二手交易平台（如闲鱼、多抓鱼等）
- 群体专属购物平台（如追星女孩Owhat、二次元群体LOFTER等）

图 8-15　网购消费平台选择

播形态，移动直播打破了固定空间、时间限制下的制作与播放瓶颈，在社交互动、个人意见表达、移动消费等方面构建了新的虚拟场域平台[①]。2020年"双11"期间，淘宝、京东以及抖音三大平台累计成交额超7600亿元，仅抖音一个平台就达到187亿元。虽然与淘宝、京东动辄上千亿元的成交额相比，抖音的体量还难以称得上巨大，但其背后巨大的潜力是无法忽视的。

在平台选择方面，不同性别和不同年龄对于网络购物平台的选择有着比较明显的差别。63%的使用群体专属购物平台的用户为女性，60%的使用二手交易平台的用户为男性（如图8-16所示）。除去最常用的国内全品类平台和最不常用的群体专属购物平台，男性在购物平台的选择上更加分散，而女性则更集中于移动社交电商平台和实体商场。

在代际层面上，除去"00后""10后"群体，年龄越大，对于国内全品类平台的选择度就越高。由于改革开放和受外国文化的影响，生长在这个年代的"80后"和"90后"对于跨境电商和海淘平台的认可度要高于其

---

① 梁爽，喻国明. 移动直播"新景观"：样态演进、情感价值与关系连接［J］. 苏州大学学报（哲学社会科学版），2021，42（4）：162-171.

群体专属购物平台（如追星女孩Owhat、二次元群体LOFTER等）

二手交易平台（如闲鱼、多抓鱼等）

实体商场、超市线上服务平台

视频网站会员购物平台（如哔哩哔哩、腾讯视频、芒果TV）

移动社交电商平台（如抖音、快手、小红书、朋友圈微商）

跨境电商、海淘网站（如国外亚马逊、各国外品牌官网、天猫国际、Net-a-porter等）

国内全品类平台（如淘宝、天猫、京东、拼多多、唯品会、当当网等）

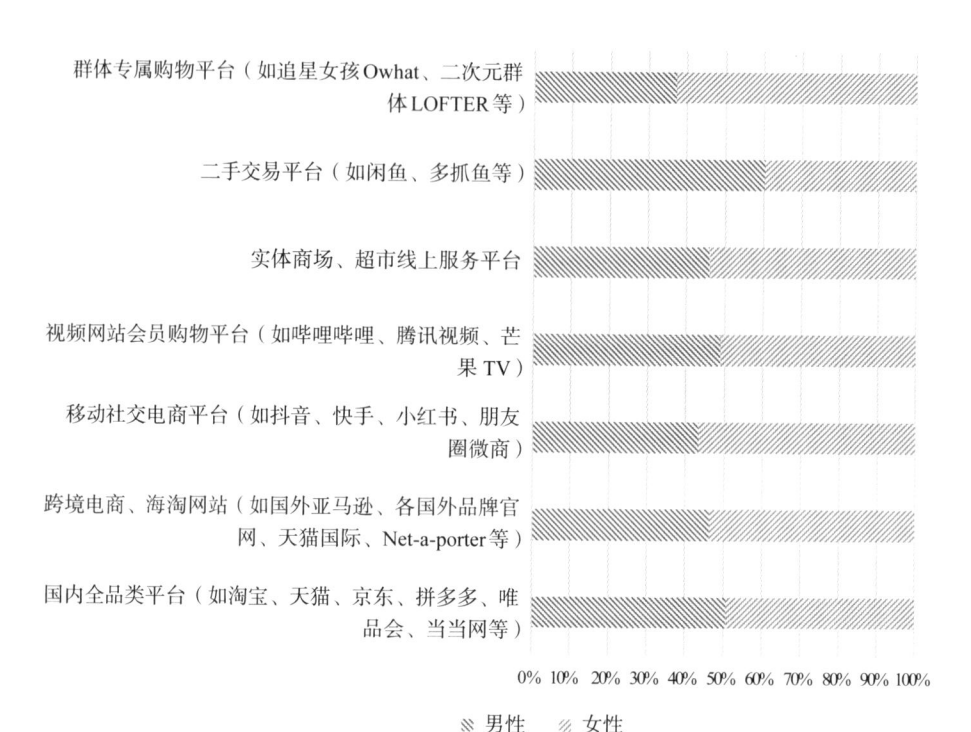

0% 10% 20% 30% 40% 50% 60% 70% 80% 90% 100%

男性　　女性

图 8-16　网购平台选择的性别差异

他群体。而这两个群体对于移动社交电商平台情有独钟，也符合当下视频传播在社会上的影响力不断增强的现实。而对于网络平台属性较为显著的二手交易平台和群体专属购物平台来说，随着年龄的增长，选择的比例也在降低（如图8-17所示）。

在区域分布上，各个区域使用的网络购物平台整体上差别不大。值得关注的是在跨境电商平台的使用上，西部地区使用此平台的人数占比要低于其他地区（如图8-18所示）。自2015年国务院第44号文件《国务院关于同意设立中国（杭州）跨境电子商务综合试验区的批复》颁布以来，随着城市不断增加，如今已有105个城市加入综合试验区的行列。《中国跨境电商综试区城市发展指数报告（2020）》指出[1]，广州、深圳、杭州、宁波、郑

---

[1] 2020中国跨境电商综试区城市发展指数［EB/OL］.（2020-12-29）［2021-12-20］. https://www.199it.com/archives/1181327.html.

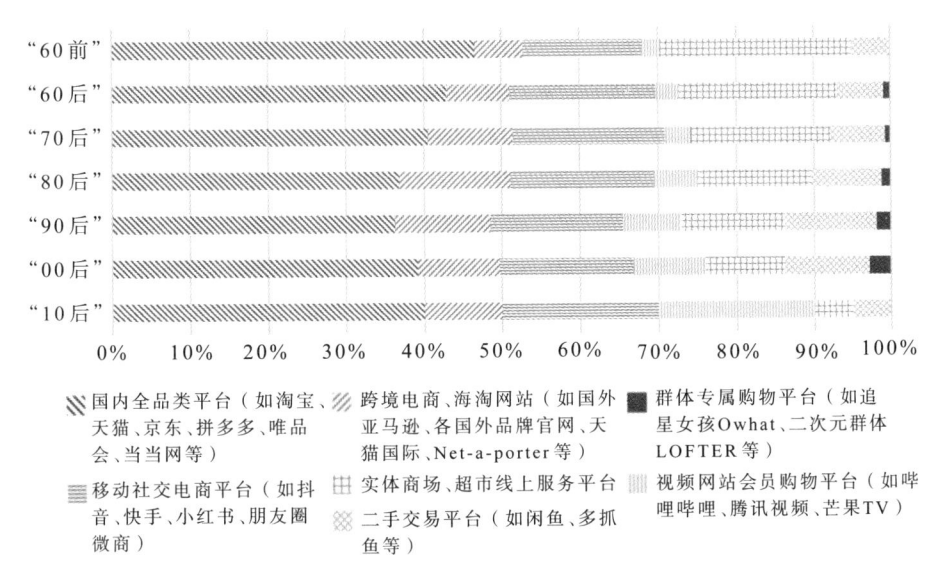

图 8-17 网购平台选择的代际差异

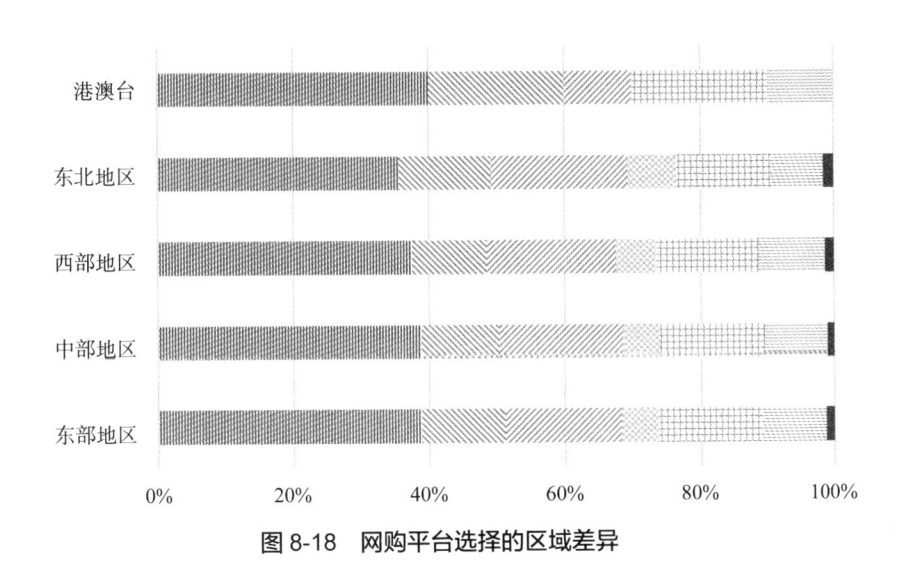

图例：
- 国内全品类平台（如淘宝、天猫、京东、拼多多、唯品会、当当网等）
- 跨境电商、海淘网站（如国外亚马逊、各国外品牌官网、天猫国际、Net-a-porter等）
- 群体专属购物平台（如追星女孩Owhat、二次元群体LOFTER等）
- 移动社交电商平台（如抖音、快手、小红书、朋友圈微商）
- 实体商场、超市线上服务平台
- 视频网站会员购物平台（如哔哩哔哩、腾讯视频、芒果TV）
- 二手交易平台（如闲鱼、多抓鱼等）

图 8-18 网购平台选择的区域差异

州、上海、北京、天津、青岛、南京、成都、厦门、东莞、珠海、重庆这15座城市为先导城市，而这其中的大部分城市都位于东部地区和中部地区，西部地区仅有成都和重庆两座城市。

三、商品与服务场景化，地区不均在改善

对于网购消费的商品和服务类型的调查，分别有14.9%、14.3%、11.3%以及12.4%的人选择服装、食品、家庭日杂用品以及个人护理用品（如图8-19所示）。

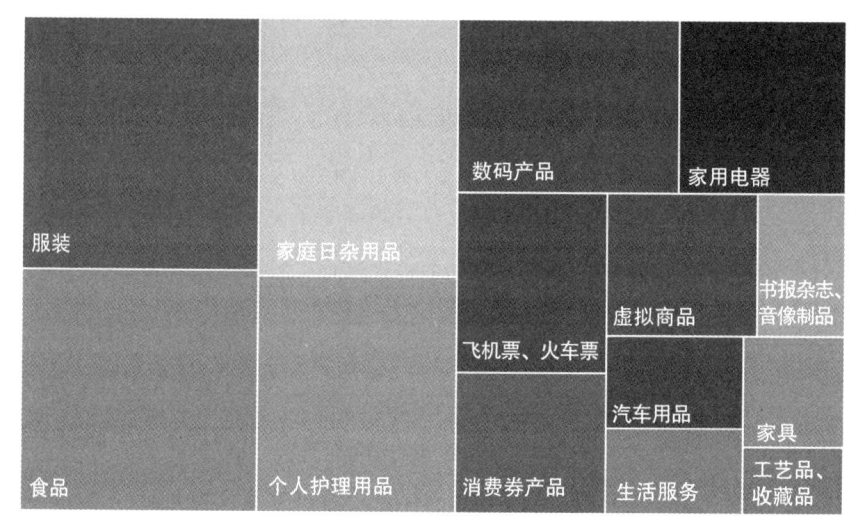

图 8-19　网购消费商品和服务

在所有的商品和服务类型中，并没有出现特别明显的性别差异。仅仅是在汽车用品、虚拟商品和数码产品上，男性购买者要稍多于女性购买者；同时，女性购买者比例略高于男性的类型为个人护理用品和家庭日杂用品（如图8-20所示）。

在年龄分布上，不同年龄段购买的商品和服务有着明显的差异。14岁及以下的人群中，个人护理用品、服装和虚拟商品的购买比例位列前三；15—59岁的人群中，购买最多的则是服装、食品、家庭日杂用品；60岁及以上的老人则更多购买家庭日杂用品、食品和服装（如图8-21所示）。随着年龄的增长，对于需要从网络上购买的商品和服务的类型也在发生转变。不同的年龄，意味着生活场景的转变。60岁及以上的老人很少有人需要为

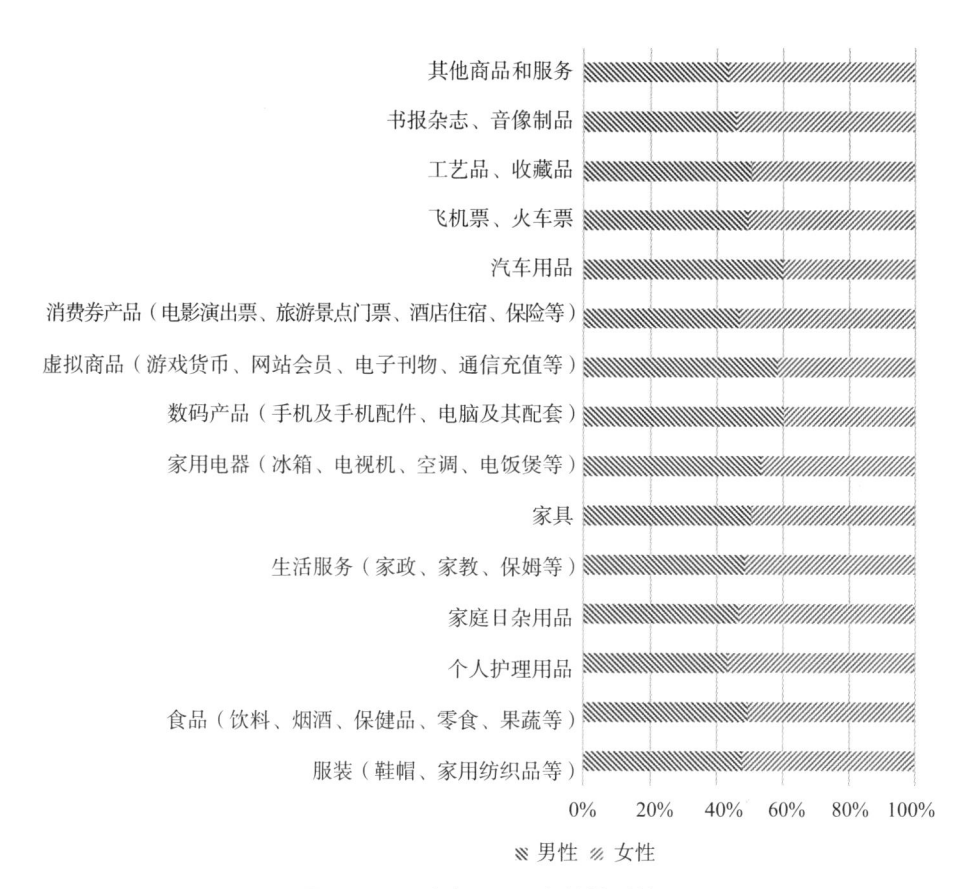

第三部分 "新青年新消费"网购商家与消费者报告 / 129

图中纵轴类别（自上而下）：
- 其他商品和服务
- 书报杂志、音像制品
- 工艺品、收藏品
- 飞机票、火车票
- 汽车用品
- 消费券产品（电影演出票、旅游景点门票、酒店住宿、保险等）
- 虚拟商品（游戏货币、网站会员、电子刊物、通信充值等）
- 数码产品（手机及手机配件、电脑及其配套）
- 家用电器（冰箱、电视机、空调、电饭煲等）
- 家具
- 生活服务（家政、家教、保姆等）
- 家庭日杂用品
- 个人护理用品
- 食品（饮料、烟酒、保健品、零食、果蔬等）
- 服装（鞋帽、家用纺织品等）

横轴：0% 20% 40% 60% 80% 100%

图例：男性 女性

图 8-20 网购商品和服务的性别差异

网络游戏付费，14岁以下的儿童也很少会为家用电器和家具支出费用。有学者提出，与 PC（Personal Computer，个人计算机）时代的互联网传播相比，移动互联网时代场景的意义大大强化，移动传播的本质是基于场景的服务，即对场景（情境）的感知及信息（服务）的适配。[①]不同生活场景的转化，对应着不同需求的出现。而对应的根据场景为用户提供服务，也成为移动互联网时代媒介化的一个重要特征和体现。同时，一些银发内容市场的生产者与年轻群体存在着一种成见，那就是老年内容等于健康养生

---

① 彭兰.场景：移动时代媒体的新要素[J].新闻记者，2015（3）：20-27.

内容。这种成见，是另一种高墙[1]。与其他年龄段的消费者相比，老年消费者的消费需求更加集中在某一项或者某几项产品与服务上，但是这并不代表他们不需要其他的产品和服务。对银发群体的关注，对产品和服务开展适老化的改进，第一个目标就是破除偏见。

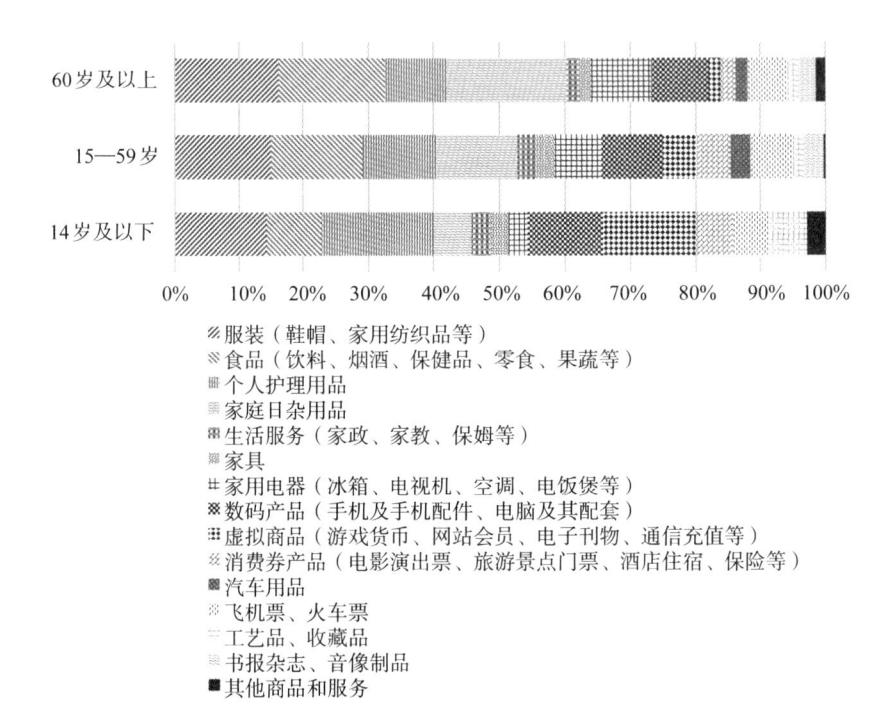

图 8-21 网购商品和服务的年龄差异

在疫情期间，线上购物的便捷体验，使得部分消费者对线上购物有了更多的了解，并培养起线上购物的习惯。对于首次线上购物的品类，约75%的受访者表示疫情过后将继续在线上购买这些消费品[2]。

在学历、职业、收入等相关关系的分析中，不同人群对于网购商品和服务的类型没有显著的区别，服装、食品、家庭日杂用品以及个人护理用

---

[1] 彭兰.老年传播中的"破壁"[J].新闻与写作，2021（3）：1.
[2] 跨境老鸟 Mike.2021年中国跨境电商发展报告［EB/OL］.（2021-05-26）[2021-12-20］.https://www.cifnews.com/article/97486.

品始终占据不同人群选择的前四位。在婚姻和生育关系上，同样也体现着不同。

同时值得注意的是，除港澳台地区以外，东部地区、中部地区、西部地区以及东北地区在网络购物和消费选择的类型上，并没有巨大的差距（如图8-22所示）。根据CNNIC发布的数据，从2017年6月到2021年6月，网络购物使用率的省间差异极值由33.8%降至20.2%，缩小13.6个百分点。而此次调查的数据也从一个侧面反映出区域间的网络消费差异并不显著。这一方面源于中国共产党领导下脱贫攻坚工作的成效，以及全国建成小康社会的实现，另一方面则源于"互联网+"技术的发展和普及在一定程度上促进了区域协调发展，弥合了区域之间的差距。线上消费持续活跃，消费规模扩大、结构升级、新动能成长的趋势依然保持不变。

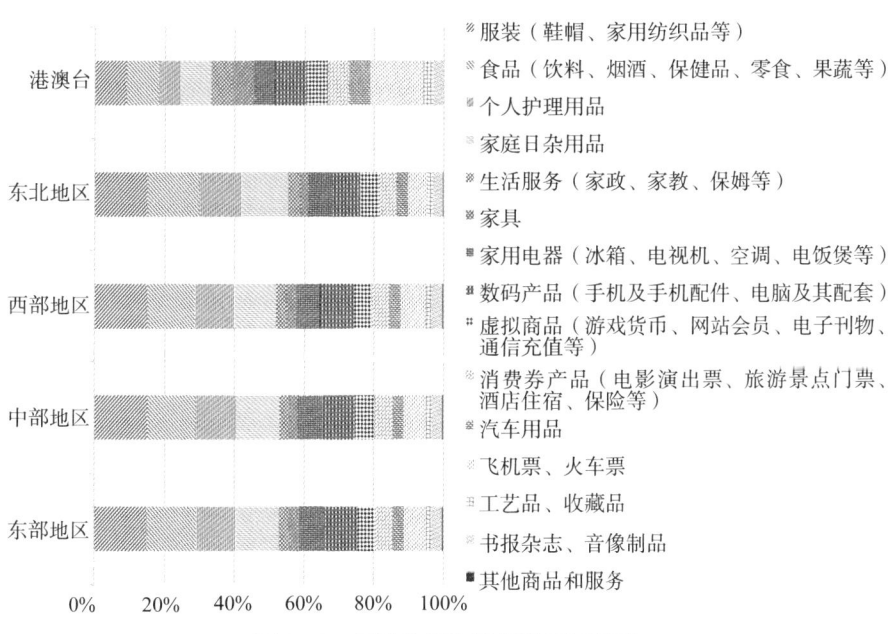

图 8-22 网购商品和服务的区域差异

四、国内平台与跨境电商同频共振

从渠道来看，国内平台和跨境电商都是受访者的选择。德勤与谷歌发布的报告显示，2019—2020年，欧美及亚太地区主要国家的电商整体零售额经历了15%以上的高速增长。同时，在跨境电商进出口结构上，根据《2020年度中国跨境电商市场数据报告》，2020年，在中国跨境电商的进出口结构上，出口占比达到77.6%，进口占比为22.4%。2020年，在跨境电商进出口结构上，在受疫情影响出口电商快速发展的背景下，出口结构出现小幅上升。无论是出口的电商还是进口的电商，消费者是他们必须撬动的资源。艾媒咨询数据显示，约37%的消费者表示每月在跨境电商方面消费300—600元，另外，该方面的月均消费在100—300元区间和600—1000元区间的消费者各占22.8%和22.6%[1]。

在宏观层面上，根据国家统计局数据，2021年1—8月国内网上零售额累计值为81227亿元，累计增长19.7%。同时，2021年1—8月，社会消费品零售总额281224亿元，同比增长18.1%。在疫情后生产恢复和社会发展的过程中，网上销售和电商板块仍然表现出强劲的动力。

对于国内网购平台的产品和服务价格，在未来6个月其增加的人数，相比过去6个月会有所增加。同时，在跨境电商领域的同一问题也反映出同样的情况（如图8-23、图8-24所示）。两者的区别在于，国内平台价格在未来6个月会增长的人数，要超过跨境电商平台，显现出消费者对于国内电商平台更强的信心。

---

[1] 艾媒新零售产业研究中心.艾媒咨询 | 2021 全球及中国跨境电商运营数据及典型企业分析研究报告［EB/OL］.（2021-05-18）［2021-12-20］.https://www.iimedia.cn/c400/78701.html.

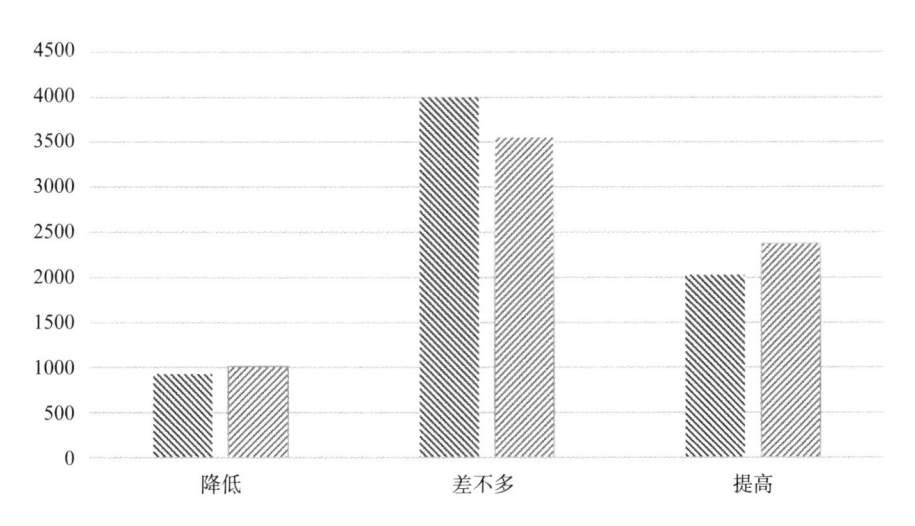

图 8-23 过去、未来 6 个月内国内网购商品和服务价格

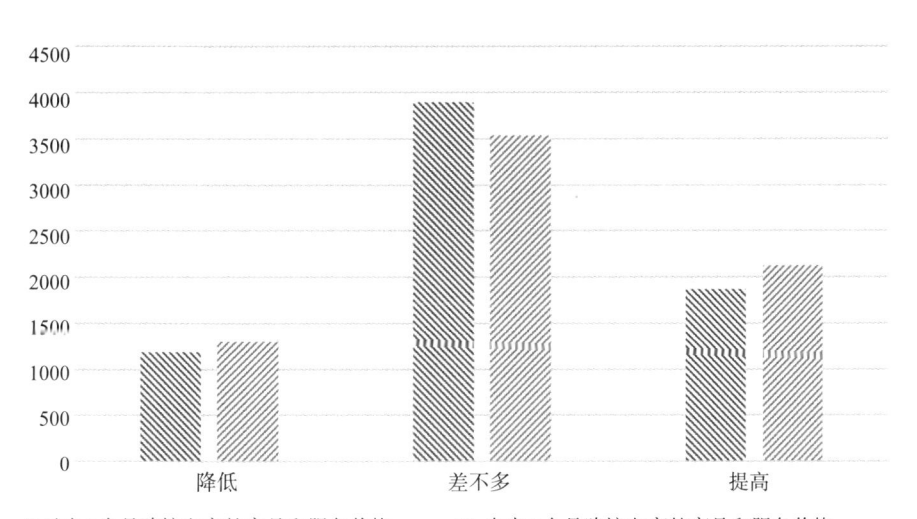

图 8-24 过去、未来 6 个月跨境电商的商品和服务价格

五、新国货成为消费潮流，年龄、区域差异显著

2021年6月，被誉为"奶茶界泥石流"的蜜雪冰城用一首"蜜雪冰城甜蜜蜜"的宣传曲火速出圈。从国货到"新国货"，"中国人要用中国货"的口号伴随着消费情绪的释放再次得以表达。

不同代际人群在网络购物和消费中，对国货品牌的购买意愿存在较明显的差异。"00后"和"10后"群体对于要提高购买国货品牌的意愿要高于"90后"群体，要提高购买国货意愿最高的群体是"80后"（如图8-25所示）。随着越来越多的国货品牌不断推出新技术、新科技、新产品，加上新锐国货品牌出色的产品力，这些品牌的产品对于不同群体的吸引力都在提升。这一方面是制造业的升级带来的转型，另一方面是中国人对于民族文化的认同，对于自身文化自信的体现。而值得注意的是，"00后"和"10后"群体中对于未来要降低购买国货品牌的意愿要高于其他群体。特别是"10后"，对于相对中立的态度是最不接受的（如图8-25所示）。伴随着移动互联网成长起来的群体，他们对于消费的理解更加丰富和多元，态度

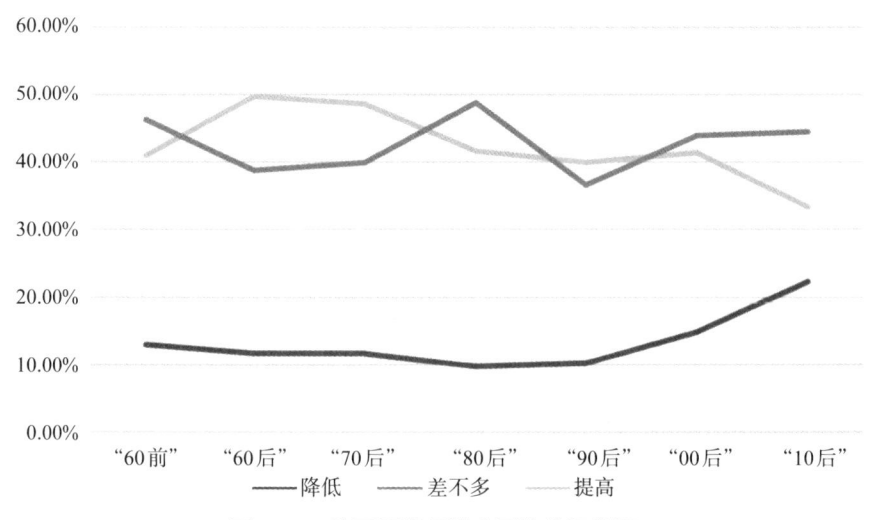

图 8-25 购买国货品牌意愿的代际差异

也更加鲜明和对立。对于品牌来说，单纯的产品很难得到这一群体的青睐。打造多元、立体、丰富、性格鲜明的品牌和产品，将会使他们更好地去面对崭新的消费者。

从不同区域来看，经济较为发达的地区的消费者网购商品的意愿受到进口商品的影响。东北地区对购买国货品牌的意愿最低，而西南和西北地区对于购买国货品牌的意愿最高。相对来看，经济较为发达的地区，诸如华东、华南、华中等地区为国务院设立的跨境电商试验区的主要分布地区（如图8-26所示），受到进口商品的影响也相对比较大。总体上来看，对于国货品牌的购买保持不变或者增加仍然是受众的主要选择。

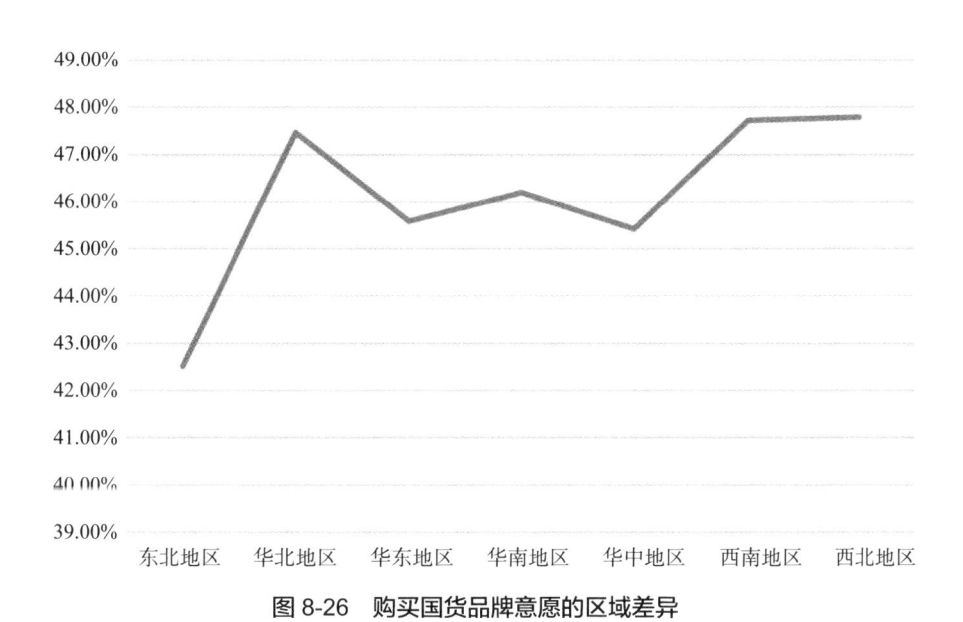

图 8-26　购买国货品牌意愿的区域差异

六、耐用消费品预期较低，快消品仍是消费预期的主流

耐用消费品是指那些使用寿命较长，一般可多次使用的消费品。耐用消费品由于购买次数少，因而消费者的购买行为和决策较慎重。耐用消费

品消费能反映居民消费水平和结构的变动，因此成为衡量居民生活水平和质量的重要标志[①]。而线上虚拟消费品则代表一种新型的消费形式：其所购买的商品几乎都将应用于线上的世界。这样线上消费、线上使用，与"元宇宙"的特点十分类似。而快消品则与耐用消费品相反，是日常生活消耗量大、使用频率高的商品，因此消费者重复购买的频率要比耐用消费品高很多。

在这样的基础上，消费者对于提高快消品的购买意愿是最高的，而对提高大件耐用消费品的购买意愿相对不高。同时，想要降低线上虚拟消费品购买的人数要多于提高线上虚拟消费品购买的人数（如图8-27所示）。基于目前的数据，未来大件耐用消费品的生产和网络销售都应该值得关注。供给侧结构性改革中提到的"去产能、去库存、去杠杆、降成本、补短板"，在解决消费问题的同时，也是针对性化解"中等收入陷阱"的重要举措。

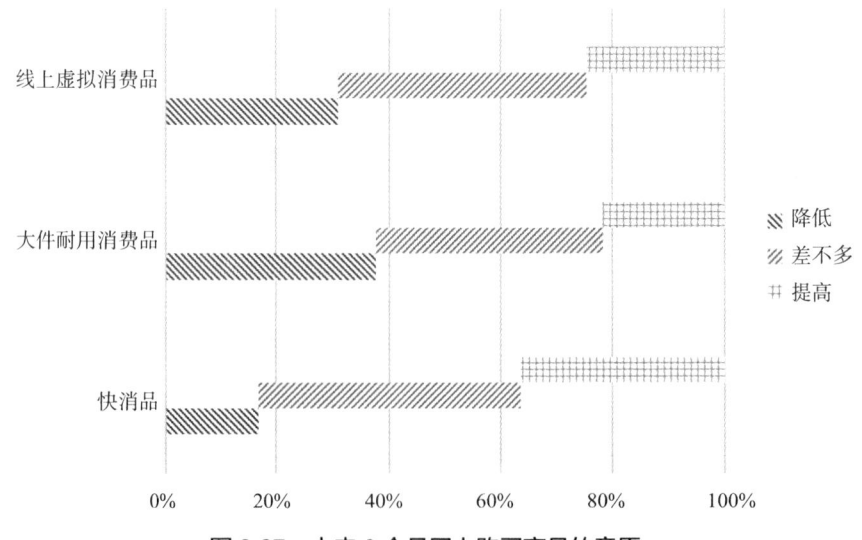

图8-27　未来6个月网上购买商品的意愿

[①] 蒋红云，尹清非. 我国城镇居民耐用消费品消费的发展历程及趋势［J］. 企业经济，2018，37（9）：42-52.

七、网购纠纷预期向好，消费安全与消费信心协同联动

消费预期指消费主体对经济决策有关不确定因素进行预测的心理活动过程。影响消费预期的主要因素包括收入、支出、价格以及安全。在网络消费的过程中，对其安全程度的评估不仅包括购买前和购买中的信任感知和风险感知，也应当包含购买商品和服务后遇到纠纷的处理和解决情况。简而言之，消费和购物所购买的不仅仅包含商品和服务本身，更包括商品和服务的品牌文化价值和品牌提供的服务。

S-O-R（Stimuli-Organism-Response，刺激—有机体—反应）理论模型作为解释和研究用户行为的重要理论，包含刺激，个体生理、心理，反应三个要素。国内对于S-O-R模型用于消费领域的研究，更多地关注不同场景下用户消费行为产生的原因。在淘宝直播中，服装消费者感知功能风险负向影响其购买意愿，服装品牌知名度负向影响消费者的感知功能风险[1]。与之类似的还有TAM（Technology Acceptance Model，技术接受模型）。TAM认为系统使用是由行为意向决定的，行为意向是由某人使用的态度和感知有用性共同决定的，而使用的态度是由感知的有用性和感知的易用性共同决定的[2]。其中，对于购物环境、支付方式等因素的风险感知影响消费的意愿，是影响消费行为的重要起点。

在问卷中，有71%的人表示自己遇到过网络纠纷。只有12%的人认为过去6个月网购纠纷的解决情况是变差的，大多数人认为过去6个月网购纠纷的解决情况整体上是比较好的（如图8-28所示）。

---

[1] 田宵函，郭瑞良，王保鲁.基于感知风险理论的淘宝直播中服装消费者购买意愿研究［J］.北京服装学院学报（自然科学版），2021，41（1）：61-66.

[2] 吴先锋，樊吉宏.基于感知风险的移动支付使用行为实证研究［J］.统计与决策，2010（20）：145-148.

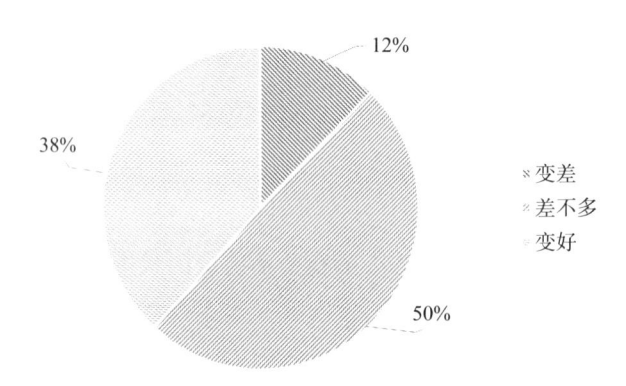

图 8-28　过去 6 个月网购纠纷的解决情况

多数人对于未来网购纠纷的解决情况充满期待,有 49% 的人认为网购纠纷的解决情况会变好,而认为情况会变差的比例也在收窄,只有 6% 的人选择了这一选项(如图 8-29 所示)。同样的变化反映在消费者对网购便捷程度和可靠性的预期上,中性的"差不多"选项覆盖的人群随着时间发展在收窄,更多的人认为未来网购的便捷程度和可靠性都会有所提升。

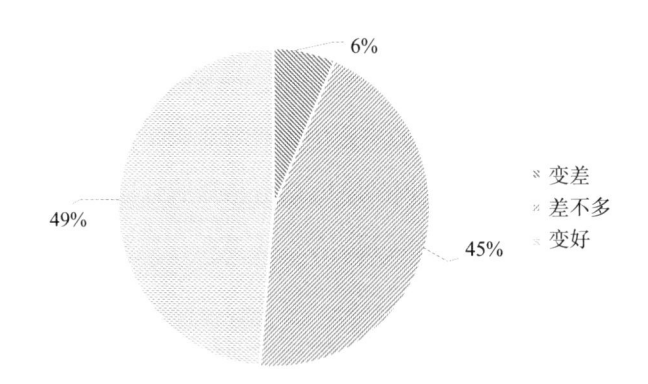

图 8-29　未来 6 个月网购纠纷的解决情况

将问卷中有关网购安全性的问题进行整合与标准化可以得到受访者对于网购安全情况的感知。有 51% 的人认为自己的网购风险是比较低的,对于网购的安全感较高(如图 8-30 所示)。通过相关性分析发现,消费预期信心与网购安全感知显著相关（r=.399，p<0.01）,同时消费认知信心与网

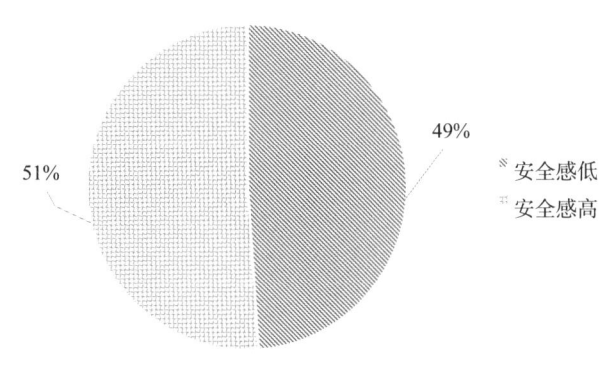

图 8-30　网购安全感知

购安全感知之间也呈现显著的正相关关系（r=.500，p<0.01）。相比消费预期信心，对于已有消费情况的消费认知信心和网购安全感知之间的关系更加明显（如表8-1所示）。而感知风险对跨境网购意愿有显著的负向作用，消费者信任在感知风险与跨境网购意愿的关系间起到部分中介作用[①]。

表8-1　网购安全感知与消费信心的相关性检验

		消费认知信心	消费预期信心	网购安全感知
网购安全感知	Pearson 相关性	.500**	.399**	1
	显著性（双尾）	0	0	
	N	6953	6953	6953

注：** 在置信度（双测）为0.01时，相关性是显著的。

八、消费减少，收入增加，报复性消费难出现

受访者对于之前与未来6个月的总体网购消费支出的认知总体不变，但是普遍认为过去的6个月自己的收入是"差不多"和"减少"的，未来6个月的收入是"差不多"和"增多"的（如图8-31、图8-32所示）。

---

① 王子贤，吕庆华. 感知风险与消费者跨境网购意愿：有中介的调节模型［J］. 经济问题，2018（12）：61-67.

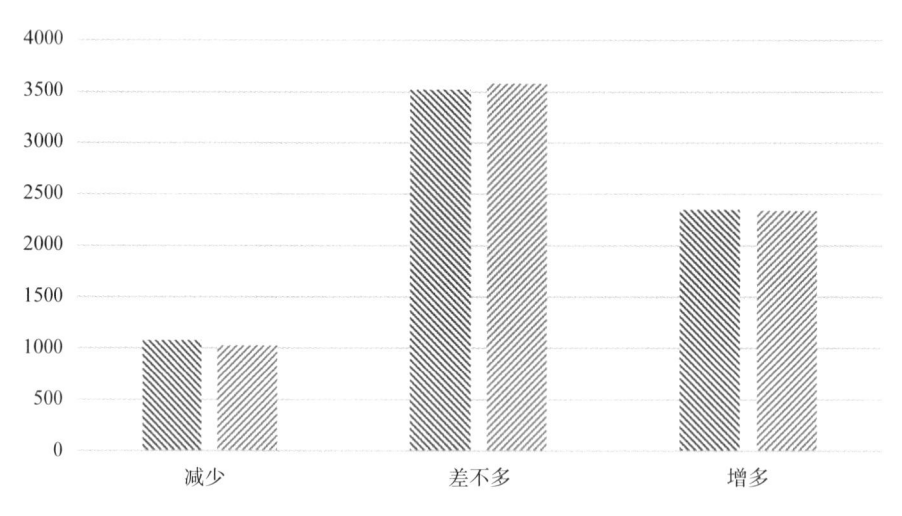

图 8-31　调研前后 6 个月总体网购消费支出变化

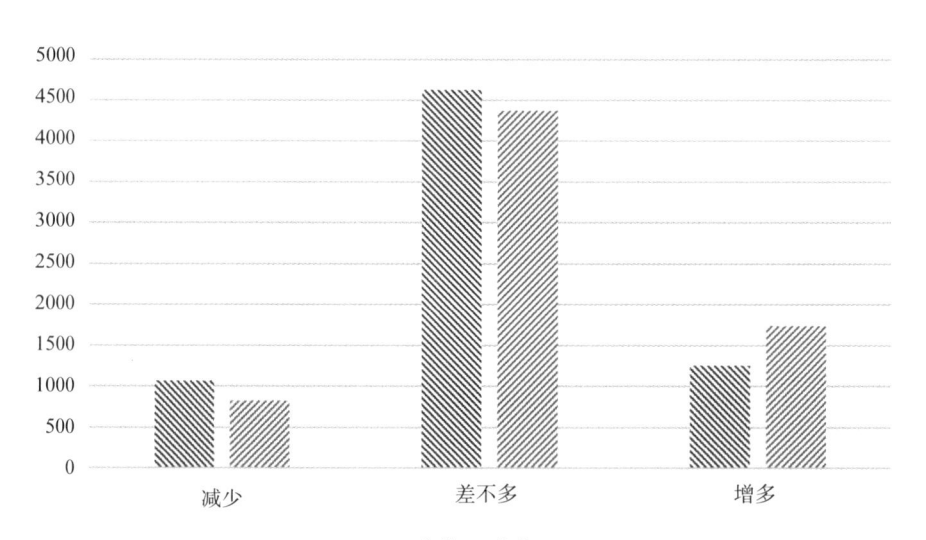

图 8-32　调研前后 6 个月个人收入变化

经济专家、学者普遍认为疫情后的报复性消费和增长值得关注。由于疫情期间消费需求被压抑，疫情后短期（疫情后0—3个月内）将出现"补偿性消费"的情况（是补偿而非爆发）[①]。随着全球疫情的新变化，事实上这样的"补偿性""报复性"消费被打断。《2020新青年新国货消费趋势报告》指出，2020年前半年线下消费水平数据的变化说明"报复性消费"并没有到来。中国新闻网一项2万人参与的调查显示，仅11.6%的参与者表示疫情结束后会进行报复性消费，近半数参与者称不会报复性消费，而是要报复性存钱、报复性挣钱。

第四节 网购消费信心分析

一、网购消费预期信心程度

对于消费预期信心的调查和统计主要通过问卷中设置的关于未来6个月与消费相关的问题，包括收入、支出、商品和服务的价格、购买意愿等11个问题。以填写问卷的时刻为起点，认为未来的情况向好的方向发展的赋值3分，认为基本保持不变的赋值2分，认为会恶化变差的赋值1分。在完成对数据的整理和分析后发现，总分为33分的问卷，平均得分为24.3分，中位数为24分，单一得分所覆盖的人数最广的为22分（如图8-33所示）。由数据可知，网络购物的消费者有75%对于未来的消费预期信心较低，整体上对于未来消费的预期是处在一个较为中立偏消极的态度。

值得注意的是，对于未来消费有着不同预期的受访者，同时对消费

[①] 郑江淮，付一夫，陶金. 新冠肺炎疫情对消费经济的影响及对策分析［J］. 消费经济，2020，36（2）：3-9.

图 8-33　网购消费预期信心得分

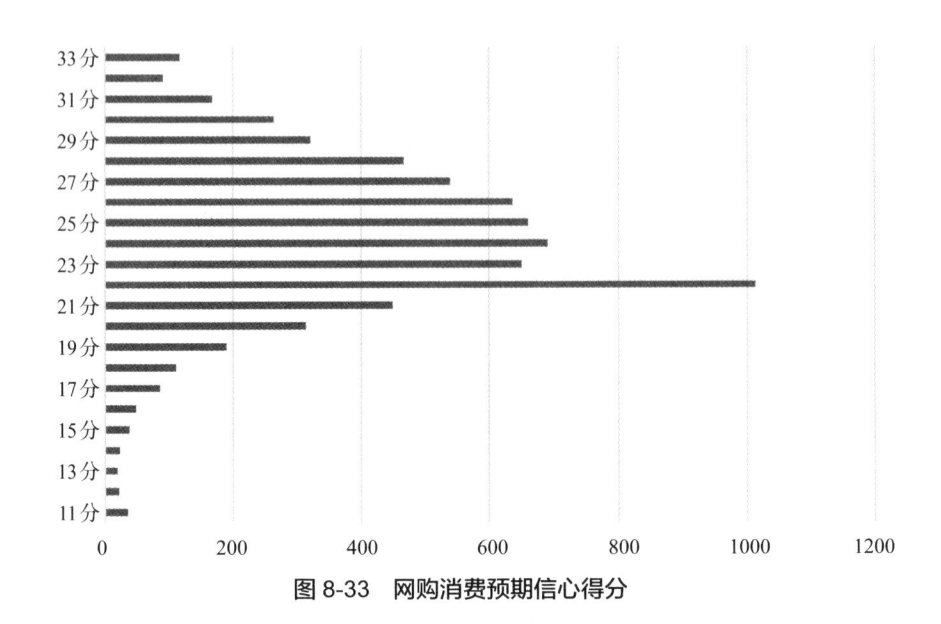

观念有着不同的选择。消费预期信心较高的人，对于"消费要享受乐趣和个性，注重情感联结和品质细节"这一新型消费观念比信心较低的人群更加认同。而消费预期信心较低的人群，则更看中消费要量入为出、理性节制（如图8-34所示）。《管子·牧民》提到，"仓廪实而知礼节"，在对未来

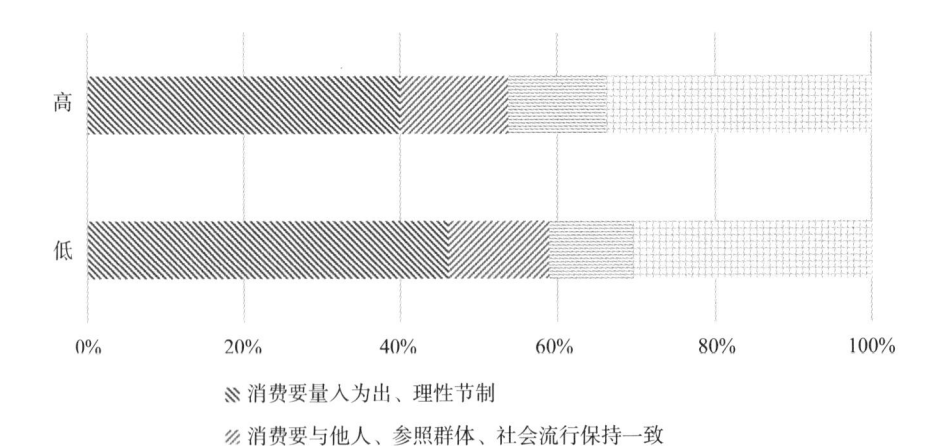

图例：
- 消费要量入为出、理性节制
- 消费要与他人、参照群体、社会流行保持一致
- 消费要让他人看到，获得他人认可、尊重和赞美
- 消费要享受乐趣和个性，注重情感联结和品质细节

图 8-34　消费观念与消费预期信心

充满信心的情况下，反映在现实当下的消费中就成为更加追求"意义"和"价值"。在对未来充满未知和信心不足的情况下，"生存"成为第一目标和选择。但是当基本需求得到满足以后，庞大的群体所蕴含的巨大市场就开始显现，未来下沉消费市场的前景将会更加广阔。除此之外，在消费观念的认同上没有显著的差别。

在学历、职业、收入等具有相关性的指标中，整体上表现为学历越低，消费预期信心低的受访者占据人群的比重就越高，大学本科学历人群中对未来预期的信心最高（如图8-35所示）。

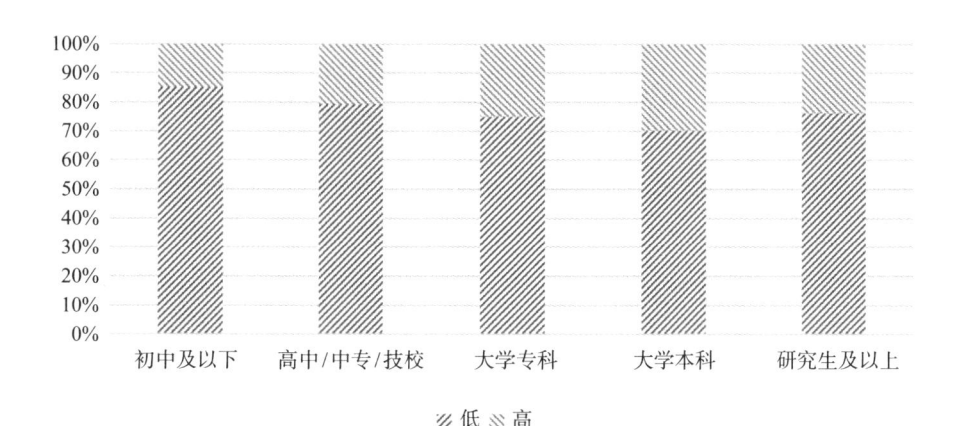

图8-35 学历与消费预期信心

而在职业的分类中，无业/下岗/失业人员和农村外出务工人员中对未来预期信心较低的人数比重分别为67%和65%（如图8-36所示）。在收入部分同样体现着这样的问题。无收入和收入1000元及以下的群体中，对未来预期信心较高的人数占群体的比重分别为18%和20%（如图8-37所示）。学历较低，收入较低，工作具有一定的不确定性，这类人群普遍被认为是流动性较大的群体，仍然存在城市新贫困的风险[①]。从传统意义上说，流动人

---

① 杨舸.流动人口与城市相对贫困：现状、风险与政策[J].经济与管理评论，2017，33（1）：13-22.

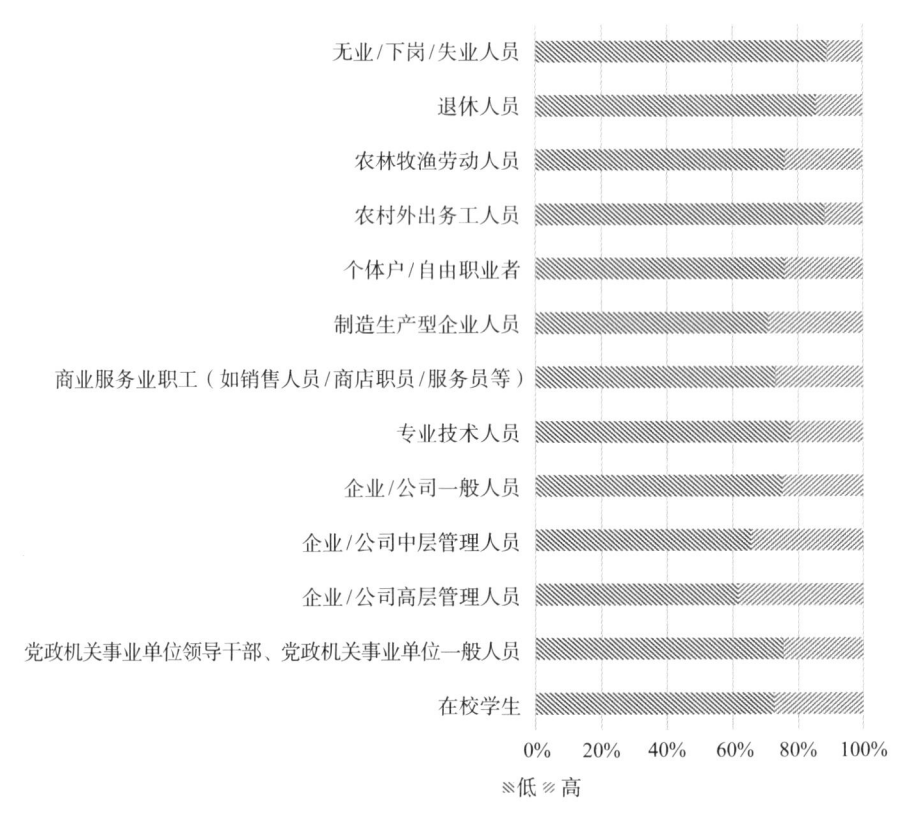

图 8-36　职业与消费预期信心

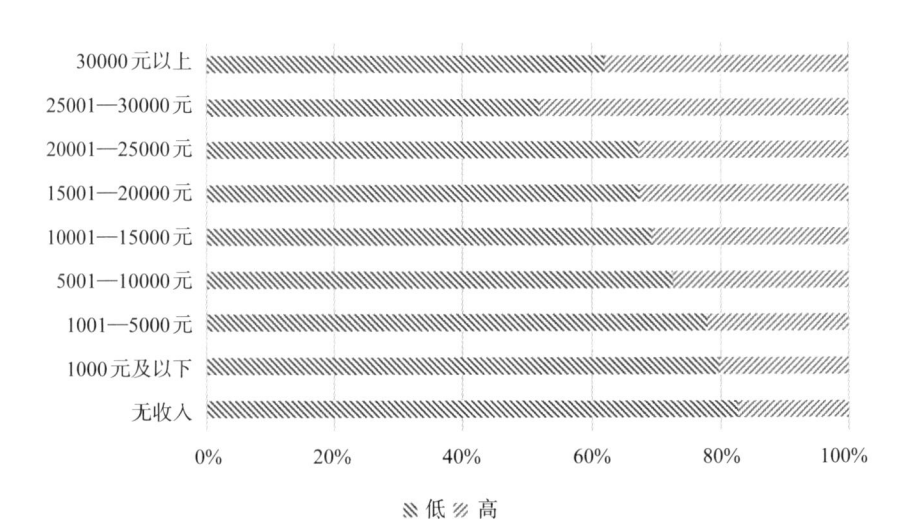

图 8-37　收入与消费预期信心

群发生生活场景的变化，城乡二元体制造成的对立，心理上的区隔，更重要的是缺乏相应的社会保障，这些因素使得这部分群体对于未来的预期缺乏信心，也对社会稳定和一体化发展造成影响。

此外，国家统计局在《2018年全国时间利用调查公报》中首次明确了中等收入群体的具体收入范围，月收入在2000—5000元的群体可以被认定为中等收入群体。而在这部分群体中，对于未来的消费预期信心较高的比重却很低（如图8-37所示）。从更宏观的角度出发，2010年中国人均GDP超过4000美元，标志着我国正式进入"上中等收入"行列。而用以形容拉丁美洲、亚洲等经济体的发展困难的"中等收入陷阱"在过去也一直是对中国经济发展的警示。作为拉动经济增长的马车之一的消费，对于如何跨越"中等收入陷阱"又起到至关重要的作用。同时，"十四五"规划中到2035年中等收入群体显著扩大的目标，也反映出这一群体在社会稳定、经济发展中的意义。

在重点关注的婚姻、生育与消费预期信心的关系上，随着生育下一代数量的增加，对未来预期有着较高信心的人群比重在不断降低。在目前已经育有三个孩子的受访者中，对未来的消费预期信心较低的人群占据总人数的80%以上（如图8-38所示）。"全面二孩"政策显著降低了

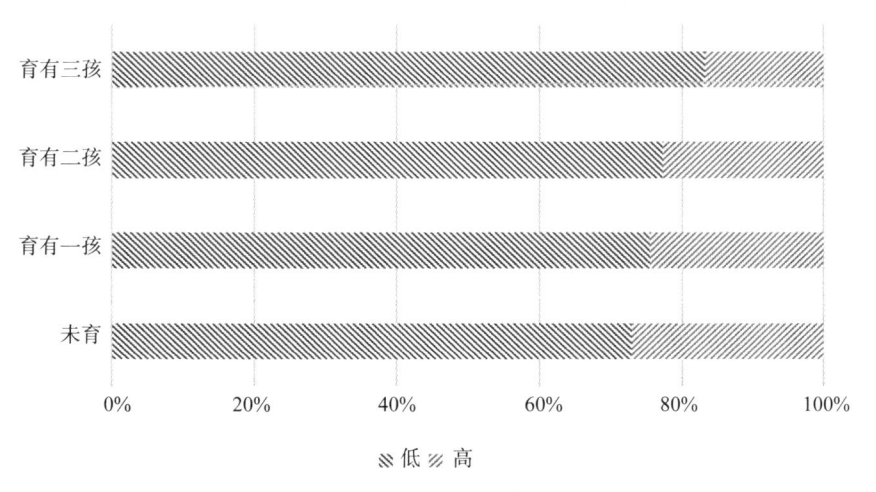

图 8-38　生育状况与消费预期信心

60%分位以下（低收入家庭）生育二孩的低收入非独家庭的消费，但对40%分位以上（高收入家庭）生育二孩的高收入非独家庭的消费没有产生影响，这说明"全面二孩"政策主要影响的是生育二孩的低收入非独家庭的消费[①]。

生育政策对于社会政治、经济、文化的影响也会逐渐扩大，波及社会生活的方方面面。目前已经生育三孩的群体中，对于未来的消费预期信心相比生育二孩的群体已经呈现下降的状态。在与之相关的婚姻状况上，表现为未婚和已婚这两种相对稳定状态下的群体对于未来的消费预期信心较高，但是群体内没有明显的差别。在选择"其他"婚姻状况这一选项的受访者中，超过80%的人对于未来的消费预期信心较低，与其他两项有着十分明显的差别（如图8-39所示）。

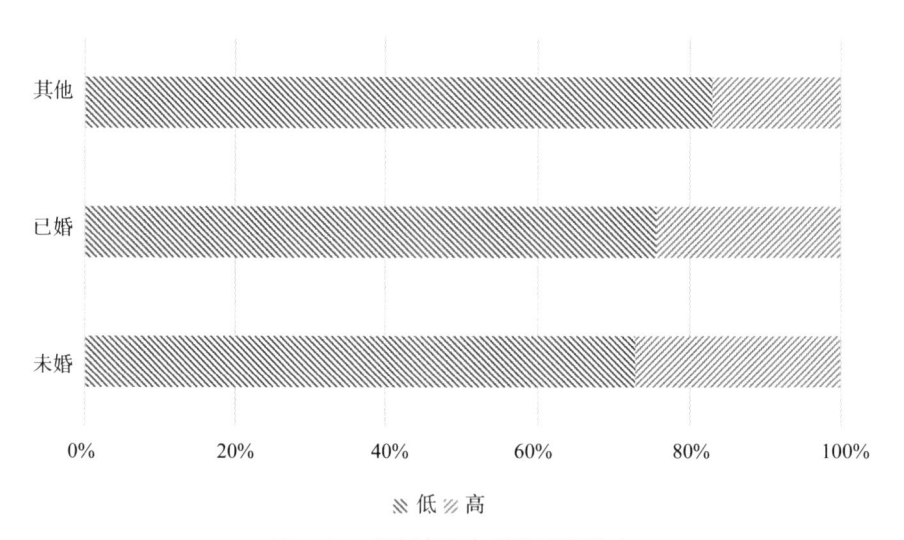

图 8-39 婚姻状况与消费预期信心

在网络消费购买频率与消费预期信心的关系上，网络消费购买频率与消费预期信心之间呈现正相关，网络消费购买频率越低，对于未来的消费

---

① 汪伟，杨嘉豪，吴坤，等.二孩政策对家庭二孩生育与消费的影响研究：基于CFPS数据的考察［J］.财经研究，2020，46（12）：79-93.

预期信心就越低，反之在网络消费购买频率越高的人群中，消费预期信心较高的人数所占比重就越高（如图 8-40 所示）。

同时，认为网络购物方便的人群中对未来消费预期信心较高的比重，要高于认为网络购物不方便的人群中的比重。认为网络购物方便程度一般的人群中，只有不到 10% 的人对于未来消费预期信心较高（如图 8-41 所示）。

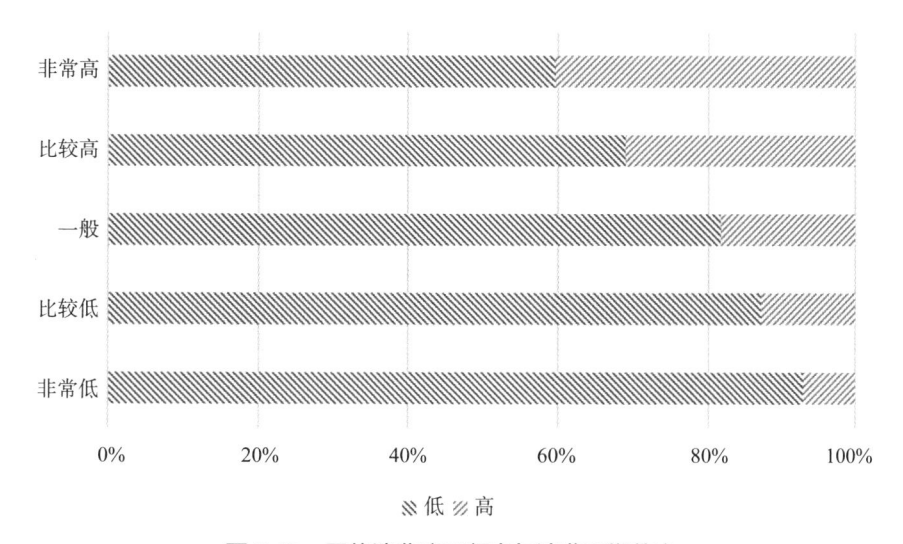

图 8-40　网络消费购买频率与消费预期信心

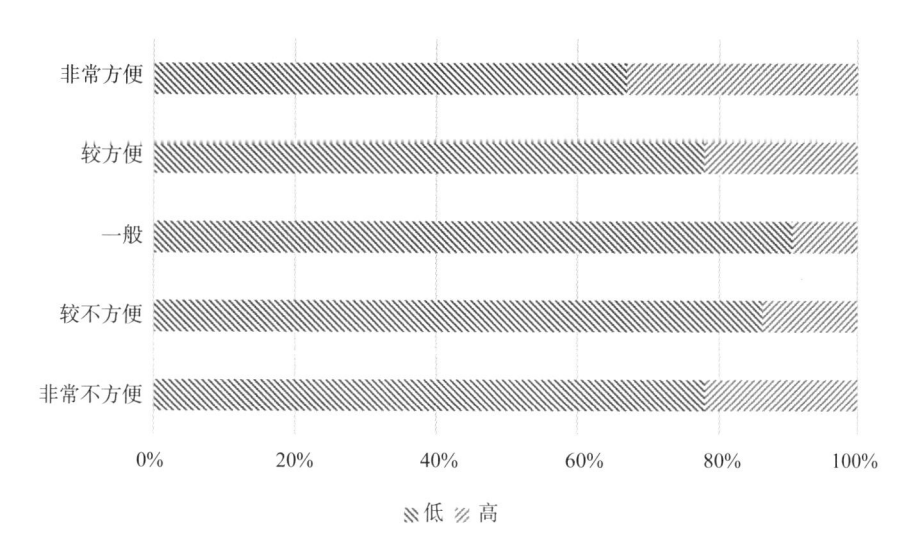

图 8-41　网络购物方便程度与消费预期信心

二、网购消费认知信心程度

对于网购消费认知信心的调查和统计主要通过问卷中设置的关于过去6个月与消费现状相关的问题，包括收入、支出、商品和服务的价格、购买意愿等问题。以填写问卷的时刻为起点，认为过去6个月是满意的和正向的赋值3分，认为基本保持不变的赋值2分，认为在恶化变差的赋值1分，并对数据进行标准化处理，分为满意度低、满意度高两个标准。

同样对数据完成整理和分析后发现，总分为24分的问卷，平均得分为17.1分，中位数为17分，14分这一分值覆盖的人数最多（如图8-42所示）。通过数据可以得知，有51%的受访者对于过去6个月的消费认知信心较低，但是与消费预期信心相比要高出不少。

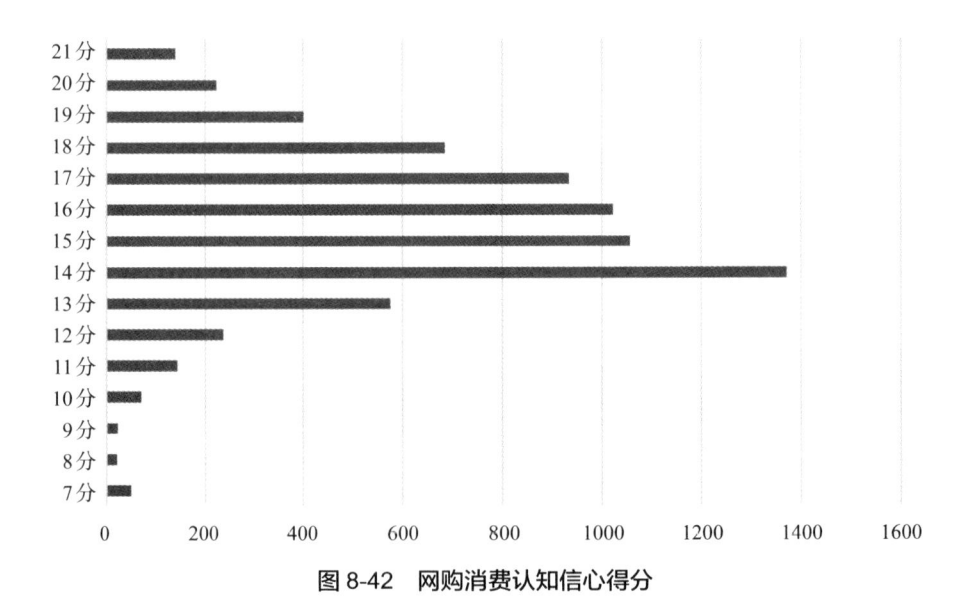

图8-42 网购消费认知信心得分

在性别方面，不同性别的消费认知信心差异比较明显。男性与女性相比，对过去6个月的消费认知信心较低的比重更大，而女性群体中的内部差异不是十分明显（如图8-43所示）。也就是说，男性更加普遍地认为过去6个月的消费情况并不理想。但是在对于未来的消费认知信心中，男性和女性的差异不明显。

同样可以发现存在一定差别的是在年龄的分类中，随着年龄的增长，受访者对于过去消费情况的满意程度不断增长。60岁以上的银发群体对于过去6个月的消费情况满意度最高，有60%的人的得分超过了平均分（如图8-44所示）。第七次人口普查结果显示，60岁及以上人口为26402万人，

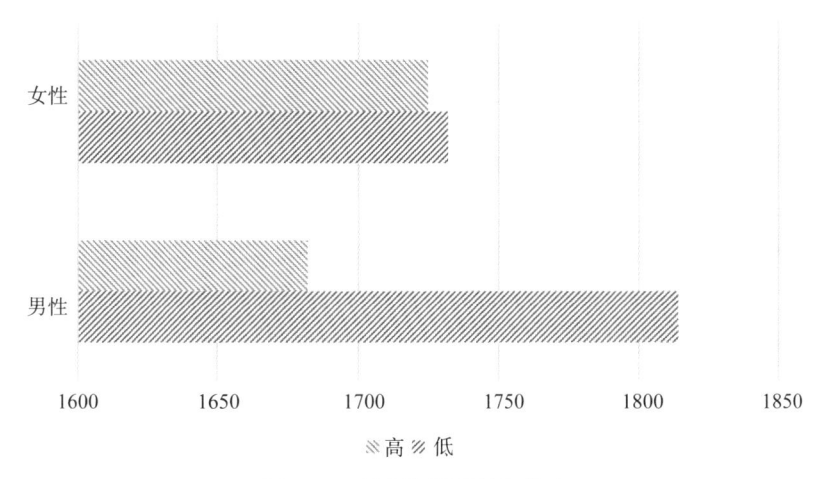

图 8-43　性别与消费认知信心

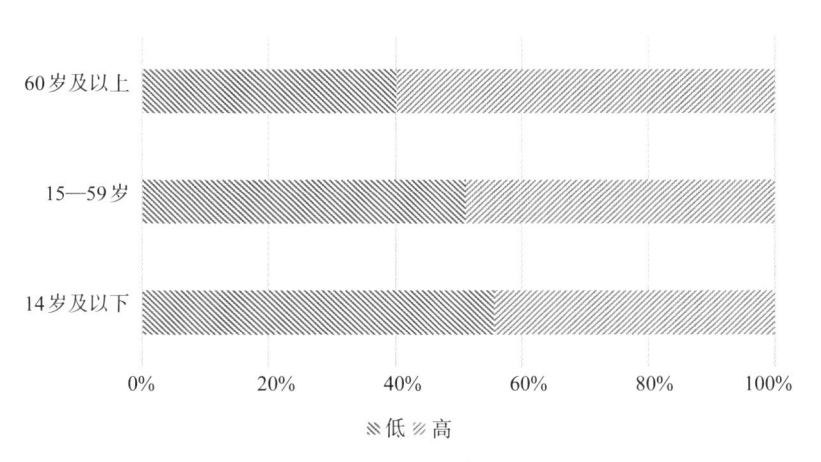

图 8-44　年龄与消费认知信心

占 18.70%（其中，65 岁及以上人口为 19064 万人，占 13.50%）。当前我国已经进入老龄化社会，而议题中即将面临的老龄化问题不是未雨绸缪，而是当下社会正在面临的问题。服务好老年人，满足老年群体的需求，是社会发展过程中的必经之路。而摆在庞大的银发群体面前的是潜力巨大的消费市场、多元化的消费内容和方式以及高端化、品质化的需求[①]。

对于学历、职业这两个具有相关性的指标，所反映的消费认知信心问题与前文中提到的消费预期信心的情况基本一致（如图 8-45、图 8-46 所示）。

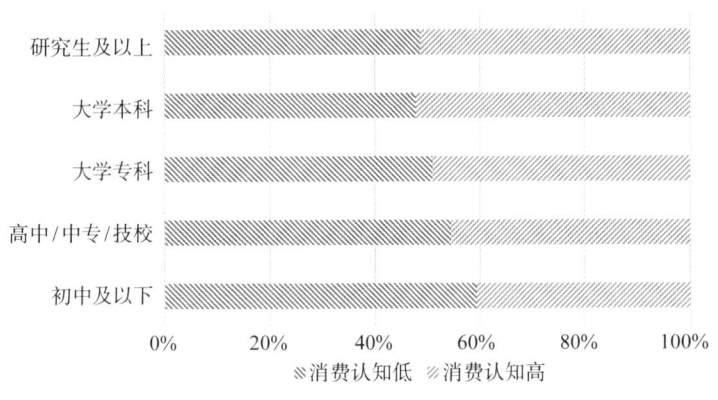

图 8-45　学历与消费认知信心

收入波动性增大，同时未来支出不可预测性加大，居民为了应对将来突发事件的风险，所做出的理性选择是减少现期消费，增加储蓄，从而边际消费倾向迅速下降[②]。相对地，流动群体和低收入群体对于过去消费状况的满意程度和信心是较低的（如图 8-47 所示），而随着工作生活以及收入的稳定和增加，信心也在提升。只有未成年人参保的家庭仍然比未参保家

---

① 曾红颖，范宪伟. 进一步激发银发消费市场［J］. 宏观经济管理，2019（10）：33-38.
② 刘建平，张翠. 预期收支不确定性对居民消费行为的影响研究：基于经济转型中我国城镇居民消费数据的分析［J］. 消费经济，2015，31（5）：10-16，34.

第三部分 "新青年新消费"网购商家与消费者报告 / 151

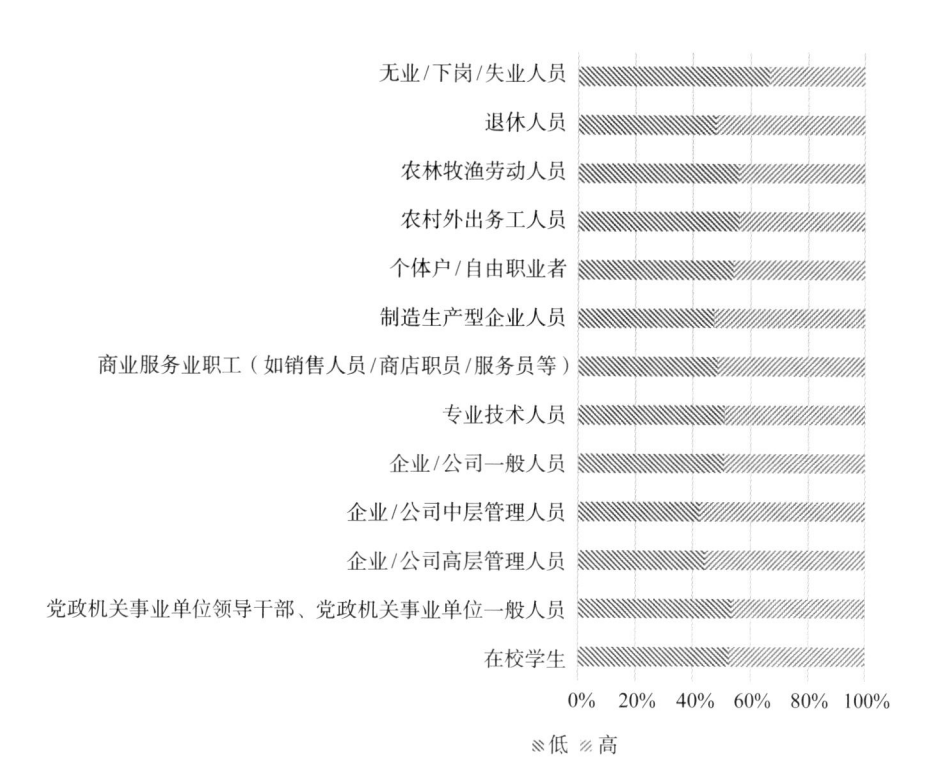

图 8-46 职业与消费认知信心

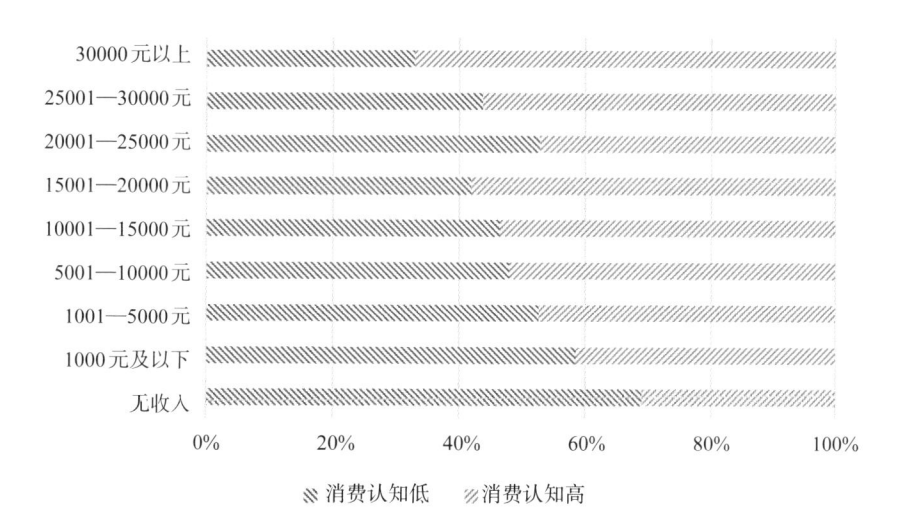

图 8-47 收入与消费认知信心

庭的总消费多8.7%[①]。

同时，网络消费购买频率、网络购物方便程度与消费认知信心之间的关系与消费预期信心的关系一致（如图8-48、图8-49所示）。

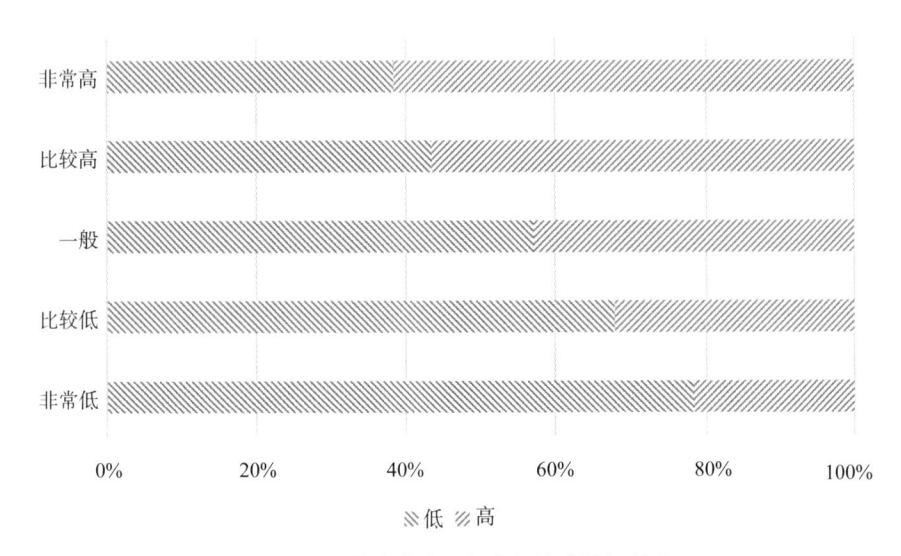

图 8-48　网络消费购买频率与消费认知信心

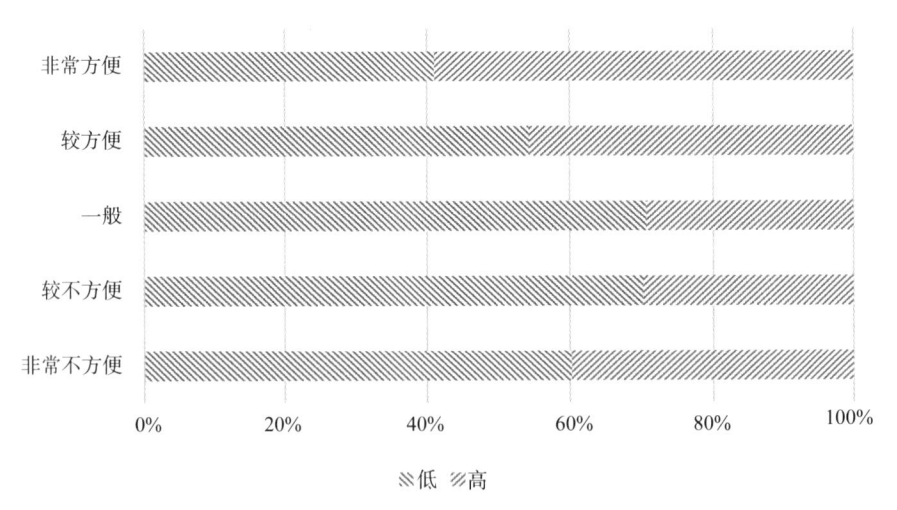

图 8-49　网络购物方便程度与消费认知信心

[①] 甘犁，刘国恩，马双．基本医疗保险对促进家庭消费的影响［J］．经济研究，2010，45（S1）：30-38.

婚姻和生育状况与过去6个月消费认知信心的关系，在同未来消费预期信心的对比中出现一定的差异。相比于其他人群，已婚人群对于过去消费状况的消费认知信心是最高的（如图8-50所示），而育有一孩的群体同样是生育状况中对于过去消费状况的消费认知信心最高的群体，整体上并没有十分明显的差别（如图8-51所示）。

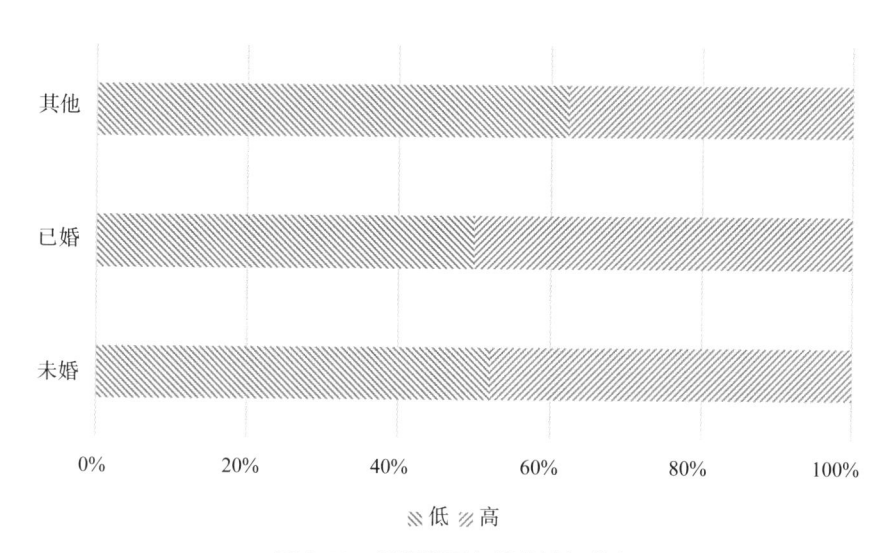

图 8-50　婚姻状况与消费认知信心

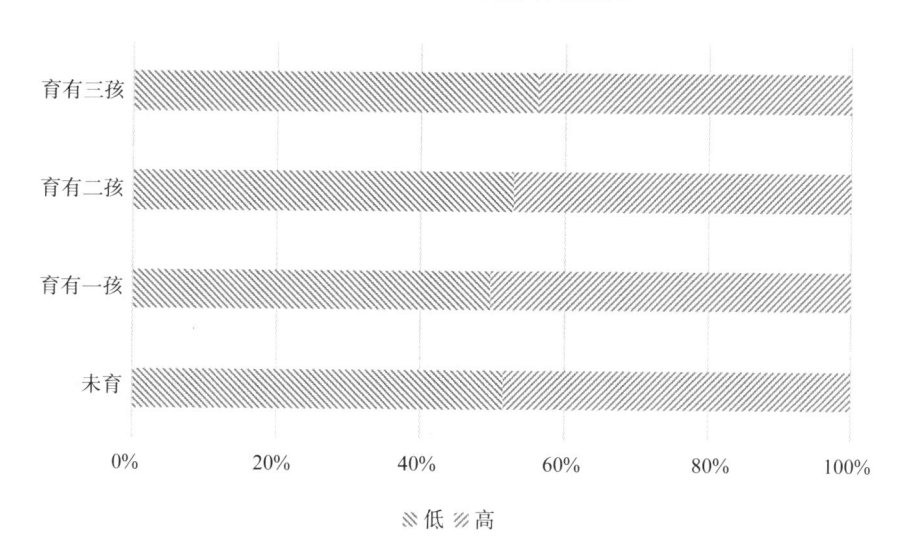

图 8-51　生育状况与消费认知信心

与消费观念和消费预期信心的关系一致的是，消费观念和消费认知信心之间的关系也保持同样的变化。信心较高或者满意度较高的人群更愿意认同"消费要享受乐趣和个性，注重情感联结和品质细节"。而"消费要量入为出、理性节制"的观念中，更多的人是对过去一段时间的消费认知信心较低的（如图8-52所示）。

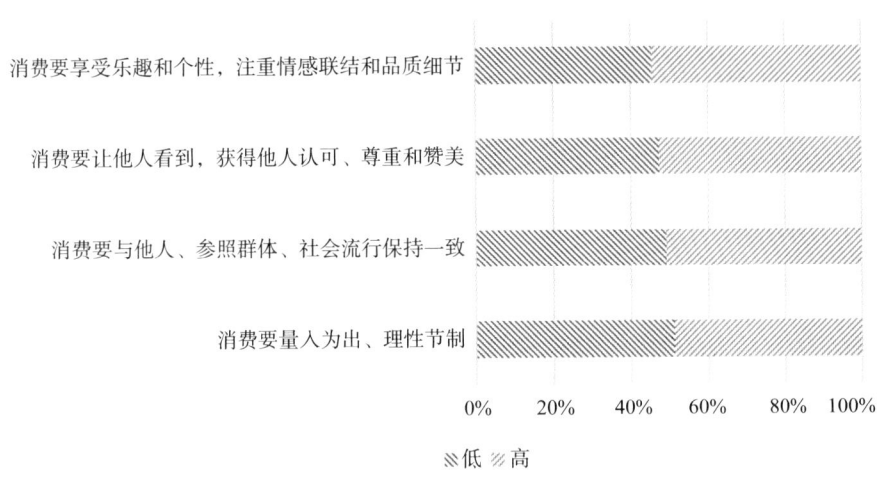

图 8-52 消费观念与消费认知信心

同时，值得关注的是网络购物和服务与消费认知信心的关系。通过数据和图表发现，整体上在购买不同商品的群体中，信心高低水平不同的人群所占据的比例是接近的，这表明不同的信心水平对于购买商品的影响是十分微小的。但是也要注意的是，书报杂志、音像制品，消费券产品，生活服务等消费型产品和服务的购买者的信心水平要比服装、食品、家庭日杂用品等生活必需用品的购买者的信心水平高（如图8-53所示）。在马斯洛的需求理论中有五种级别需求：生理（食物和衣服）、安全（工作保障）、社交需要（友谊）、尊重和自我实现。高级别需求出现的前提是低级别需求得到满足，而也只有服装、食品、家庭日杂用品等基本的生理需求得到满足后，类似社交、尊重和自我实现的高级别需求才会被选择和满足。

第三部分 "新青年新消费"网购商家与消费者报告 / 155

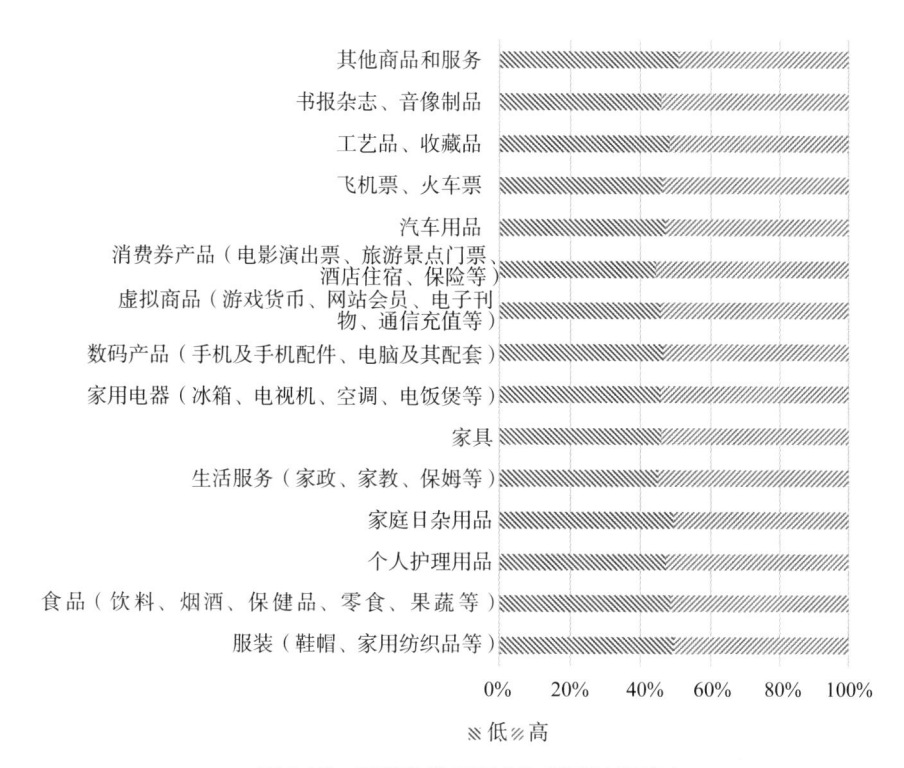

其他商品和服务
书报杂志、音像制品
工艺品、收藏品
飞机票、火车票
汽车用品
消费券产品（电影演出票、旅游景点门票、酒店住宿、保险等）
虚拟商品（游戏货币、网站会员、电子刊物、通信充值等）
数码产品（手机及手机配件、电脑及其配套）
家用电器（冰箱、电视机、空调、电饭煲等）
家具
生活服务（家政、家教、保姆等）
家庭日杂用品
个人护理用品
食品（饮料、烟酒、保健品、零食、果蔬等）
服装（鞋帽、家用纺织品等）

0%　20%　40%　60%　80%　100%

░ 低 ▨ 高

图 8-53　网络购物和服务与消费认知信心

同时，由表8-2可知，消费预期信心和消费认知信心具有显著的正相关关系（r=.405，p<0.01）。由于时间顺序上消费认知信心是基于过去的体验和经验，而消费预期信心则是基于对未来的预测和分析。因此，在一定程度上消费预期信心是受到消费认知信心的正向影响的，即当某个人或者群体对于过去消费状态是满意和充满信心的，那么对于未来的判断也应该是受到已有认知的正向影响的。

表8-2　消费认知信心与消费预期信心的相关性检验

		消费认知信心	消费预期信心
消费认知信心	Pearson 相关性	1	.405**
	显著性（双尾）		0

续表

		消费认知信心	消费预期信心
消费认知信心	N	6953	6953
消费预期信心	Pearson 相关性	.405**	1
	显著性（双尾）	0	
	N	6953	6953

注：** 在置信度（双测）为 0.01 时，相关性是显著的。

#　第四部分
"新青年新消费"电商营销典型案例

第九章　活动营销案例：B站跨年晚会营销

第一节　案例摘要

2019年12月31日，B站举办了第一场跨年晚会，名为"二零一九最美的夜"。这是B站第一次和用户一起跨年，也是中国互联网视频行业中第一台专为年轻人打造的跨年晚会。晚会节目分为日落、月升、星繁三个篇章，包含《魔兽世界》《英雄联盟》《哈利·波特》《我为歌狂》等经典IP内容，围绕游戏、电影、动画这些年轻人内心重要的集体回忆，打造更为贴合年轻人的晚会。打破传统，基于"用户推荐"的晚会编辑模式，联手新华网与聚划算，通过对"Z世代"的圈层文化精准营销，实现名利双收，成功"出圈"——视频回放播放量已经超过6000万，弹幕总数超过200万条，豆瓣评分高达9.1分。晚会过后，B站因为这场晚会，市值较上一交易日上涨了50亿元人民币。

回顾这场跨年活动的营销，B站跨年晚会对B站发展意义重大。首先，通过营销，B站牢牢抓住了"Z世代"用户，成功植入了其对B站品牌的情感认同；其次，B站通过晚会内容的仪式感营销，强调平台的内容与IP强势，创造市场机遇；最后，B站背靠新华网主流媒体，通过营销改革发展道路，从"边缘"走向"主流"，扩展发展可能性。可以说，B站跨年晚会已成为活动营销中的突出模板。

第二节　案例介绍

2019年12月31日，B站举办了第一场跨年晚会，这是一个特殊的时刻，21世纪10、20年代交替，第一批"80后""90后""00后"集体迈入新的十年。

细数"二零一九最美的夜"晚会节目单，总共包含35个精彩节目。其中有11个节目都和IP作品相关，既包含了《魔兽世界》《英雄联盟》《哈利·波特》《我为歌狂》等经典内容，也有《权力的游戏》《哪吒之魔童降世》《流浪地球》等最新佳作。从节目单可以看出，B站并没有单纯走流量明星的老路，而是尝试围绕游戏、电影、动画这些年轻人内心重要的集体回忆，去打造更为贴合年轻人的晚会。

总体而言，B站跨年晚会紧抓"年轻"作为营销关键词，在晚会创意、内容、冠名商、定位人群等方面都贯彻了"年轻"的营销思路。

一、基于用户数据挖掘，基于"用户推荐"模式架构晚会

B站跨年晚会导演曾表示："破圈，这是当时在策划之初，B站提出的明确诉求。"在B站晚会的呈现中，可以观察到一个明显思路：B站跨年晚会是基于B站的用户数据进行精准的节目安排的。

有别于传统晚会基于"编辑推荐式"思路，B站开创基于"用户推荐"模式进行节目安排，让用户更容易看到自己喜欢看的内容，这个逻辑实际上是顺应当下互联网信息流传播环境的。通过精准算法、大数据计算描绘用户画像，为用户打造精致化、个性化的独特内容。

一方面，可以看到B站的跨年晚会非常重视自身社区的创作氛围，让自有的易言、墨韵Moyun、孟晓洁Jae等知名UP主带来节目，因此广大用户会觉得自己离舞台并没有那么遥远。另一方面，B站对"流量艺人"的节目安排也尽显"用户推荐"的思维方式，通过对自身用户数据挖掘寻求成功的融合之路。

二、紧抓"Z世代"新青年圈层文化，晚会内容杂糅年轻元素

"Z世代"是在网络世代、互联网世代受到互联网、即时通信、MP3、智能手机和平板电脑等科技或科技产物影响很大的一代人，因此他们的文化呈现出更多网络原生的元素。

B站在跨年晚会的介绍里说："21世纪的10年代即将落幕。这十年，B站与大家一起成长，见证了网络青年流行文化的飞速变迁。动漫、影视和游戏领域中诞生了属于这个世代的经典，也创造了我们共同的文化记忆。"综观B站跨年晚会的节目可以看出，其牢牢抓住的受众是"Z世代"网民，而每一个节目几乎都在致敬他们的圈层文化，迎合他们的审美与趣味。

晚会开篇用《欢迎回到艾泽拉斯》高呼"为了联盟""为了部落"，致敬《魔兽世界》开服15年；钢琴王子理查德·克莱德曼演奏《哈利·波特》电影主题曲，勾起了无数哈迷的童年梦；而当已经去世的和田光司演唱的《数码宝贝》主题曲响起时，每一个年轻观众都回忆起了自己的青春。

从科幻风格的出场到舞蹈秀cosplay（扮装游戏），从国风动漫风格的功夫熊猫舞蹈到电影主题曲的演唱，从AR洛天依虚拟偶像演唱到各色多才多艺的UP主，其中还伴随着不能忽视的不间断的弹幕文化，满屏都是"Z世代"的圈层文化盛典，是年轻一代人群的特别晚会。

三、主流媒体与电商平台联手，"破次元壁"合作助力晚会

本次B站跨年晚会背后还有新华网的身影。自跨年晚会消息公布以来，最引人热议的就是B站与新华网的"破次元壁"合作。新华网积极利用自身渠道为B站跨年晚会造势，包括为晚会提供新华网专属直播渠道，给B站提供巨额资本支持，还在其自身客户端推出三天连续抽奖活动。

除此之外，B站跨年晚会的冠名商聚划算也与B站达成了深度合作。一方面，聚划算平台非常清楚自己作为阿里系的"梗"文化特质与B站跨年晚会有内涵的吻合，同时B站跨年晚会用户群对阿里系平台也有不错的情感认同。另一方面，聚划算针对B站跨年晚会，给出了大额红包直播抽奖活动，为B站跨年晚会热度造势。

第三节 案例分析

B站的这场名为"二零一九最美的夜"的晚会不只是一场完美的晚会盛宴，更是B站自身的一场成功的活动营销事件。在跨年晚会结束之后，B站市值大涨12.51%，暴增至65.4亿美元，较上一交易日增长50亿元人民币。不少行业人士都戏称，这是一场帮助B站赚了50亿元人民币的跨年晚会。从营销的角度来看，B站利用这场策划成功的晚会介入重大的社会跨年活动中，整合有效的资源而迅速提高了企业的品牌知名度、美誉度和影响力。

细致来说，B站跨年晚会成功的营销背后，有一个最重要的原因就是这是一个针对年轻人的活动营销策划里程碑式方案。

一、通过晚会读懂"Z世代",提高新青年代际对平台的情感认同

此次B站跨年晚会以其独特的风格获得了年轻"Z世代"圈层的普遍认可,这是网络视听媒体第一次针对"Z世代"目标人群策划的大型年度晚会。因此,"Z世代"人群对B站跨年晚会有一种特殊的情感。

这是一场通过文化优势展现权利的庆典,能够对每一个节目的"梗""笑点""燃点""泪点"心领神会的人们第一次感觉拥有了自己的晚会,能够站在话语权的高点。B站的晚会,是对这种"Z世代"圈层文化的高度礼赞,自然能够得到年轻人的大量好评,牢牢抓住"Z世代"年轻人的"心"。

如今,互联网技术的快速发展改变了当今社会父辈与子辈之间的文化传递关系,父辈一代的话语权发生离散和消解,同时年轻一代的表达需求在扩大。2015年发布的《2015年中国二次元行业报告》显示,我国二次元用户规模达到3亿;其中"90后""00后"用户占比近95%。这群看《葫芦兄弟》、读《哈利·波特》长大的年轻人如今都已在互联网上拥有了绝对主流的话语权和在现实生活中不俗的消费力,成为社会媒介争夺注意力的重要受众。

不得不说,B站"读懂""Z世代",并将这种共情通过晚会营销转换成"Z世代"用户群体与平台的情感联结,在年轻一代心中提前占据了平台形象地位,营造了一种"只有B站懂我"的心理基础。可以说,这场晚会不光是走进了"Z世代"的眼中,也让B站再一次强化了"年轻"的代言形象,走进了"Z世代"的心里。

二、"仪式感营销"反复露出平台IP与内容，创造市场机遇

"仪式感营销"是营销主体通过对人们特殊消费行为的仪式化设计，赋予消费行为神圣意义或传承价值，从而达到创造、引导消费活动的营销目的。既有经验已经表明，仪式感对现代营销有巨大的利好，可以帮助企业创造市场机遇，构建品牌美誉度，丰富消费文化内容。

综观B站的晚会节目安排，首先会发现B站在其中安排的《魔兽世界》舞蹈秀、英雄联盟主题曲《涅槃》演唱等节目，都是对自身"游戏"社区内容的反馈，变相营销自身的游戏社区。其次，《哈利·波特》《那年那兔那些事儿》主题曲的演唱则是对自己已购买的正版IP内容的宣传，强调自身内容的版权性。再次，《柯南》节目、虚拟偶像洛天依的安排是致敬自己的"二次元"社区，强调自己在"二次元"文化中的代表性。最后，流量明星、主持人朱广权、《亮剑》中的人物"楚云飞"的亮相，则是对自己"鬼畜"社区及"鬼畜"内容生产的回应，也是对平台鬼畜文化的推广。

晚会背后，全是B站平台文化的体现，这种仪式感的营销对受众来说是一种回忆串联，是对自身情感和共鸣的召唤。而对平台来说，这些具有怀旧仪式感的节目安排是平台IP与平台社区的露出机会。把握仪式感的内容生产，推广平台内容及文化，不仅有助于提升受众对B站平台的赞同感，而且能为B站日后的社区拓展创造机遇，丰富用户消费文化的内容，提升自身文化的影响力，再一次重申B站在游戏、直播、二次元、鬼畜等文化中的头部地位。

三、与主流媒体合作转型发展，从"边缘"进击"主流"

此次跨年晚会由B站与新华网联合主办。事实上，如果没有新华网的支持，这场晚会在主持人、交响乐队、海外音乐人等方面必然难以达到如此高的配置。正是因为有新华网的加持，这场盛会才完全超越了一般卫视台的能力范畴。

B站与新华网的联合，可以说是边缘新媒体与传统主流媒体从资源配置到节目内容，从价值观传导到商业层面的深度合作。在这样的合作下，在持续数年的新媒体严管，包括出现了所谓"特殊股"等风雨之后，这一次重量级合作体现了B站营销的目的——"出圈"。不可否认，与主流媒体合作的信号是非常有典型意义而且非常强烈的，这意味着B站正从一个边缘的视频平台转型成为一个主流的文化社区，体现了B站从二次元社区转向覆盖更广人群、更多元话题的平台的决心。

举例来说，在背靠主流媒体的情况下，和B站以往的拜年祭、BML（Bilibili Macro Link，B站线下活动）等活动营销相比，这次跨年晚会营销中，登上晚会舞台的不只有知名UP主，也有五月天、邓紫棋等艺人。总导演宫鹏甚至透露，在选择节目时"尽量规避掉了纯二次元或者纯三次元的东西"。可见，在出圈成功的背后，B站也确立了放弃某些"小众圈层"的营销路线，打造"泛青年文化社区"方向，希望覆盖更多的用户，建设更多元、丰富的内容生态。

从这场杂糅的晚会来看，市场和用户都会相信B站不再是一个小众的"二次元"社区，而是越来越成为一个"杂糅"网站。如今的B站在ACG（Animation、Comics、Games，动画、漫画、游戏）外大量引入了不同类型的文化，例如古风、韩流、明星、日剧、欧美电影、新的韩剧，甚至是美妆、生活、家居、科技等。同时，B站在直播带货上也有所尝试。毫无疑问，B站在未来将变成一个越来越大众化和综合化的平台。

第十章　网红营销案例：文化类KOL李子柒

第一节　案例摘要

李子柒是微博知名美食视频博主，以"古法美食"为内容主题，成为自媒体人。目前，李子柒共在互联网上传百余个视频作品，时长4—10分钟不等，内容主要是她在山村的劳作和生活，出现在作品里面最多的是日常熟悉的时令食物和传统节日美食，传递给观众"慢生活"的乡村图景。

李子柒作为一个网红形象，通过独具古风特色的手作视频积累初代粉丝群体，随后在网红形象的基础上，积极布置平台矩阵，通过社交链裂变营销，实现自身影响力的迅速扩张，先后利用自媒体人身份与故宫、《国家宝藏》等国家文化IP联名推出内容视频与文创产品。同时，李子柒积极担任美食家、文化大使的公益代言任务，最终将个人网红身份营销为文化品牌IP，成功成为中国文化传播的网红代表。

2019年12月，李子柒的视频在国外获得高关注量，人民日报、央视新闻等主流媒体将其作为中国文化对外传播的典型案例分享。截至2020年1月，李子柒在微博已拥有2327万粉丝，在国外YouTube（视频分享网站）平台有812万粉丝，数量与美国有线电视新闻网（CNN）相当，远超过

BBC、Fox News等媒体。其中，她关于中国文化的视频平均播放量1000多万次，总播放量10.2亿次，最受欢迎的视频播放量达4000万次以上。

第二节　案例介绍

李子柒作为2019年度最火爆的中国文化传播网红之一，其内容生产、宣传等动作都成为中国文化传播的一个典型代表。借助李子柒这一网红符号，中国文化实现了一波"走出去""走进来"的营销活动，李子柒也因此成为文化类的网红营销代表人物。

李子柒的网红之路从2016年开启。她的作品题材来源于中国人古朴的传统生活，以中华民族引以为傲的美食文化为主线，围绕衣、食、住、行等四个方面展开。

自2016年3月，李子柒开始录制以中华美食为主题、以乡村生活为背景的短视频发布在微博上。同年8月，她签约网红孵化公司。2017年5月，李子柒重新组建团队，再次更新视频，并成立了自己的公司。随后，李子柒迅速在各社交网络平台上建立自己的账号，包括微信公众号、淘宝账号、抖音账号、YouTube账号，并更新视频内容。2018年，李子柒创立了自己的淘宝店，并售卖自己品牌的中华文化文创产品及中华美食。

由于李子柒视频内容中传达出的生活态度与生活方式，国内众多主流媒体转发、表扬，使其在国外也累积了巨大的粉丝用户。2019年底，李子柒被《中国新闻周刊》评为"2019年度文化传播人物"。

回顾李子柒的网红发展之路，以及与文化传播逐渐联系的过程，可以发现她做到了融"文化输出"与"网红推广"于一体，精准找到了文化传播借势网红营销的道路。正如央视新闻对她的评价："没有一个字夸中国好，但是它讲了中国文化，讲了中国故事。今天起，像李子柒一样热爱生活，活出中国人的精彩和自信。"

一、视频展示中国传统文化元素

目前，李子柒共在互联网上传百余个视频作品，时长4—10分钟不等，内容主要是她在山村的劳作和生活，出现在作品里面最多的是日常熟悉的时令食物和传统节日美食，比如柿子饼、麻婆豆腐、芋头、腊八粥、乞巧果、年夜饭等。视频通过对种植、采集、制作过程的展示，传递给观众对食物的珍惜之情、人与自然的和谐相处，给当下节奏快、普遍焦虑的人们带来"慢生活"的安慰。同时，李子柒视频的内容还非常重视传统器物方面的内容制作：把旧木头改造成秋千亭、砍伐竹子制作家具、搜集材料制作毛笔、用树皮尝试传统手工造纸、用葡萄皮对布料进行染色，展示了中国传统技艺手法。

李子柒视频中呈现的中国元素很多，可以说其视频是一种中国传统文化的展示和体现。其中，她创作的《文房四宝之"墨"》获得了由国务院新闻办公室指导、人民日报社主办的"我与中国"（@China）全球短视频大赛的"最佳人气奖"，意味着其视频对中国传统文化的展现得到了官方肯定。

从她每期视频中所穿的汉服到中国的古法美食，从中国缫丝制衣的传统手工艺到制作笔、墨、纸、砚文房四宝的过程，从竹艺、木工的展示到刺绣工艺的露出，李子柒的视频内容基于中国乡村图景，但展示的不仅限于中国乡村生活，而是囊括中国传统文化精粹元素，这些无不具有鲜明的中国传统文化意象，成功地在作品中塑造了一种诗意的山居生活情境。

二、通过社交网络平台矩阵，推广视频内容

在社交网络中，除了内容之外，有效的内容推广、渠道的裂变扩张对网红的影响力积累十分必要。综观李子柒的作品传播路径，可以发现其有

一个完整的平台矩阵版图。

首先，从信息源上来说，李子柒微博账号发布的视频、文案、图片、观点等，有节奏、有安排地被转发到李子柒的其他社交媒体平台账号，包括抖音、微信公众号、今日头条、美拍、西瓜视频、YouTube等平台，并依据不同平台特性配发不同的文案，实现第一级的"李子柒"账号内的矩阵传播，这一级传播过程大约可以获得2000万次以上的浏览量。其次，通过"李子柒"账号发布的视频内容被不同平台的意见领袖获取并二次转发给普通民众，这些意见领袖包括网红孵化公司合作伙伴、媒体等，第二级的矩阵传播可以获得约18.2万次浏览量。最后，视频内容通过多渠道、多层级的立体版图传达到不同的受众群中，依据情感认同、优质筛选等过程，普通受众通过人际关系再次扩散内容，形成第三级的矩阵传播，建立口碑。

李子柒的平台传播矩阵基于社交网络链条，通过社交网络进行自身营销信息的传递和交互，利用人的信息资源及社会关系网络资源的扩展，实现信息分享和传播，让人成为网络中的节点，并让每个节点与更多的节点连接。

三、与中国传统文化IP联名合作

早期李子柒的视频是拍摄自己的生活，正当人们习惯了将她的身份清晰地放在自媒体博主上的时候，她以网红的身份开始了跨界合作，与国家文化IP，诸如故宫、《国家宝藏》联名，通过自己的网红资本和粉丝资本推动国家文化IP及其文化产品的营销推广。

2019年，李子柒与《国家宝藏》的《你好历史》栏目达成IP合作，于中秋佳节推出联名款月饼。礼盒选取千年民间传统技艺纸浮雕，结合非物质文化遗产四川皮影戏首发，向大众呈现中国传统文化之美。该联名月饼以其独特的民间技艺之美，获得用户追捧，上线33分钟，3万份礼盒即售罄。另外，李子柒还与故宫联名合作，复制清代美食古方，推出宫廷苏造酱和宫廷月饼锦盒，复刻中国清代宫廷技艺。除此之外，李子柒还和胡庆余堂联名开发新的浓缩即食燕窝产品。

除了美食产品之外，李子柒还积极合作推出中国传统文化文创产品，例如和"王星记"合作非遗折扇、与"毕六福"合作非遗雨伞等传统物件儿。

从合作中可以看到，李子柒在合作中承担的是"网红"品牌冠名的职责，通过自己的网红影响力带动中国传统文化IP发展，利用跨界营销事件来造势。可以发现，李子柒在联名合作中倾向于选择老字号的国家品牌，涉及范围从美食到中国古法手工艺品，这不仅是因为老字号国家品牌与其本身网红形象调性相同，也因为李子柒的文化传播网红身份可以给国家文化IP注入新的血液。

四、担任美食家、文化大使，成为文化出海助推者

李子柒的身份并不止于网红，而是通过网红影响力与中国传统文化结合，做了更多的延伸。在中国传统文化的传播营销上，李子柒的身影频频出现。自2018年起，她开始以传播中华文化为突破口，潜心制作，并取得了不小的成绩。

2019年4月，李子柒将自己亲手制作的文房四宝赠予马来西亚王室，此事件还被当地媒体《中国报》《当今大马》报道。同年7月，她接受越南最大网报《越南青年知识分子》的深度访问，吸引了千万读者的关注。2019年8月，李子柒被成都市文化广电旅游局授予"成都市非遗推广大使"的荣誉称号。

第三节 案例分析

借助李子柒的网红效应，中国传统文化的传播向前走了一步。在李子柒的海外平台账号下，世界各地，包括伊朗、美国、俄罗斯、菲律宾、巴西、韩国等国的网友都表示，李子柒让他们对中国文化与中国乡村有了更深刻的认识，也让他们更向往中国文化。借助网红，实现了帮助国外普通人认识中国的目标，让国外网友认识到中国有着博大精深的文化和源远流长的历史，可以吸引外国人来中国旅游，学习中国文化。从长远来说，甚至可以帮中国创收，并消除许多因为文化折扣而引起的不必要的误解。

从营销的角度来说，中国文化完成了借助网红营销走向成功的过程。具体而言，李子柒作为网红对中国文化成功营销的背后，有不少要素可以纳入之后网红营销的方案设计中。

一、网红营销带动文化自信心的养成

随着"网红经济"的发展，互联网营销也随之有了变化。网红营销，有时也称为影响者营销（Influencer Marketing），指的是借助网红在粉丝中的感召力，来影响（潜在）消费者对商家品牌的认知或态度，从而达到相应的营销目的。

新浪微博数据中心发布的《2018微博电商白皮书》指出：超过60%的用户愿意购买明星同款，70%以上的用户对网红推荐的产品持积极态度。

从李子柒的受众群体来看，主要集中在"80后""90后"人群，而同时这一群人也是伴随互联网、社交媒体成长起来的一代，他们和社交媒体同时成长，拥有丰富的网络经验，习惯于通过了解意见领袖的看法，最终

达成决策。

因此不难理解，李子柒作为网红，其输出的不仅仅是视频内容，更是一种生活方式和态度观点。李子柒的视频，讲的几乎都是我们日常生活中最终的产品从无到有的过程（比如美食、家具、彩妆等），以和奶奶生活的亲情为情感主线，配合生活中的时间线（各种传统节日和各种收获的季节）而形成的连续剧，讲述着传统文化的前世今生，拉近传统工艺和我们之间的距离，使得受众能与中国传统文化近距离接触。通过李子柒的视频，受众开始向往"鸡犬相闻"的田园生活，开始了解中国笔、墨、纸、砚的制造流程和文化内涵，并逐步在心里形成"中国文化博大精深"的心理暗示，自然而然地接近、靠近并实践传播中国文化。

正是李子柒的网红效应，带动"80后""90后"在情感、态度上形成对中国传统文化的亲近感，这种营销手段相对更有效、更有用。

二、以"新"推"旧"，借助网红IP为传统文化注入新基因

李子柒已经从一个个人网红发展成了一个IP，而IP的自由度相较于网红来说大大提高，它更强调情感、价值、文化、个性和符号，因此对受众和市场的影响力更大、更直接。另外，网红IP的延展性很强，她可以代言，也可以和企业开展深度合作。李子柒，就是一个巨大的国风美食、国风美景、国风美人网红IP。

从文化传播、营销的角度来看，目前中国传统文化在互联网时代的发展可以有两条路径，第一条是通过科技创新成为国货之光，例如故宫，靠品质和科技产品打造硬核国货产品。这条路径相对来说难度大、成本高，不是任何一个传统文化品牌都可以参考的经验。第二条是以"新"推"旧"，与新的互联网元素，例如网红IP，跨界合作，为老的文化品牌注入

新基因。这条路径相对来说难度较小，借势网红营销，可操作性强，效果直接且成本相对较低。

可以看到，不少文化品牌都选择了与李子柒联名合作，推出了各类美食、礼盒、折扇等产品。基于李子柒强大的粉丝基础和社交裂变传播矩阵，联名产品的认知度、影响度可以在"80后""90后"等年轻群体中迅速扩散，甚至走出中国。

可见，在当下的国风热潮下，要想提高自身品牌的关注度，借势网红力量的驱动，是传统文化品牌迅速在互联网环境下生根的手段。

三、紧抓自媒体传播渠道，让优质内容"软化"营销

目前，中国头部平台呈现为"两微一抖"态势——微博、微信和抖音。2020年1月5日，抖音发布报告，日活跃用户数超过4亿。在"两微一抖"平台中，自媒体网红是最直接的具有流量资本和内容资本的群体，十分适合作为营销的切入口。

从李子柒的爆红反观，可以看到她紧抓自媒体的传播渠道，一开始选择了美拍，后来在YouTube爆红，目前是通过全渠道的矩阵传播，包括微博、微信、抖音、B站和YouTube等。因此可以说，在文化传播上抓住了自媒体，就是抓住了最主要的风口。

李子柒对中国传统文化的成功营销说明，在互联网时代，过去靠"争霸烧钱"打广告的营销方式已经一去不复返了，现在需要靠自媒体传播来赢得受众和市场。这种转向意味着，受众看中的不是渠道，而是真心实意的内容。让广告融合内容，让内容"软化"广告，这是李子柒一直秉持的原则。不难发现，在李子柒的视频中，即使是联名合作，广告露出在视频中的占比也十分小。例如，在与故宫合作的苏造酱视频中，李子柒仍用唯美的画面、完整的叙事拍摄了苏造酱从原料采集到制作，再到装罐的全流

程。在受众观看视频的过程中，不仅是传统古法美食文化得到了传播，受众的情绪和价值观也被深度感染了。

互联网时代，我们已经从营销打扰的时代进入了润物细无声的时代。"软化"营销的最重要的方式就是通过优质网红进行营销输出，因为优质网红往往代表着优质作品，也代表着一种粉丝认同。

第十一章　广告营销案例："元宇宙"虚拟偶像拍广告

第一节　案例摘要

2019年10月21日，SK-II起用亚洲首位虚拟模特IMMA为即将推出的全新限量版"神仙水"拍摄广告片，这并不是SK-II第一次起用虚拟偶像来做产品的宣传者，2019年6月17日，SK-II就宣布了将虚拟人物Yumi作为品牌代言人的消息。SK-II起用虚拟偶像代言，为品牌注入了科技感与未来感，使品牌形象更加青春活力。在流量明星因人设崩塌导致代言品牌受牵连现象频发的情况下，虚拟偶像可操控的完美人设则显露出优势，而AI技术的不断发展也为虚拟偶像的迭代升级提供了技术保障。虚拟偶像代言已成为广告营销中的新模式。

第二节　案例介绍

2019年10月21日，SK-II推出全新限量版"神仙水"，并发布一支广告大片。为了体现虚拟与现实的交融，SK-II起用亚洲首位虚拟模特IMMA，与中国歌手窦靖童、日本演员绫濑遥和维密超模Behati Prinsloo

(贝哈蒂·普林斯露）合作，以日本传统漫画重写PITERA（SK-Ⅱ的专利成分）传奇，致敬经典。

IMMA是由日本3D影像公司Modeling Cafe设计出来的3D人像作品，是由计算机生成的虚拟CGI（Computer-generated imagery，3D动画）时装模特，她的整个头部都是虚拟的，而照片或视频中的身体和背景则由真人拍摄，再将两者进行合成。IMMA是一个有着淡粉色Bob头（波波头）、精致五官、穿搭个性时髦的日本女孩，她的兴趣是日本文化和电影。

在SK-Ⅱ的这支广告片中，IMMA用她那具有魔力的手与窦靖童、绫濑遥、维密超模Behati Prinsloo等三位真人明星击掌接触，让观众感受到虚拟世界与现实世界的边界被打破的震撼。广告片具有梦幻色彩，而且创意时尚感十足，虚拟与现实只在一掌之间，品牌传奇的缔造也只在一念之间。IMMA个性时髦的人设以及日本女孩的身份背景与SK-Ⅱ全新限量版"神仙水"所传递的青春感、时尚感、科技感完美契合，再加上利用日本传统漫画重写了PITERA传奇，深深勾起了一众消费者对SK-Ⅱ品牌的情怀。

事实上SK-Ⅱ并不是第一次起用虚拟偶像来做产品的宣传者，2019年6月17日，SK-Ⅱ就宣布了将虚拟人物Yumi作为品牌代言人的消息。Yumi采用谷歌提供的聊天机器人语言平台Dialog flow，不仅能与用户进行交流，还能提供美容咨询，帮助不同的消费者了解他们的皮肤并给出建议。SK-Ⅱ全球首席执行官Sandeep Seth（桑迪普·塞斯）表示，Yumi不仅是一位虚拟的KOL，而且是能通过目前技术无法完成的各种方式与人类互动和参与的虚拟人。随着AI技术的日趋成熟，虚拟银幕形象不断涌现，虚拟偶像成为近几年最热门的话题之一，各类品牌也频频邀请虚拟偶像为其产品代言，虚拟偶像代言已逐渐成为广告营销的发展趋势。

第三节 案例分析

一、虚拟偶像代言：AI技术加持下的跨次元广告营销新模式

虚拟偶像是一种基于声音合成技术产生的基于现实世界中某种职业或二次元世界中某种设定的虚拟角色，同时它是以粉丝创作内容为文化根基，与粉丝、现实世界产生各种互动，并在现实世界中留下真实存在的有形或无形作品的一种虚拟形象。根据数据统计，2019年泛二次元用户规模近3.5亿，90%以上的二次元用户皆有消费行为。随着"95后""00后"逐渐成为消费主力人群，二次元无疑已经成为当代年轻人的一个显著标签。各种品牌开始涉足这一领域，而虚拟偶像则是最适合的内容载体，从动漫到游戏再到视频，品牌营销也更加多元化。

目前的虚拟偶像代言主要分为两种类型，一种是品牌邀请已成名的虚拟偶像合作，例如虚拟偶像洛天依有多个品牌广告代言，包括肯德基、百雀羚、长安汽车、光明乳业等。另一种则是品牌自主创建虚拟代言人，如屈臣氏的虚拟偶像"屈晨曦Wilson"、肯德基的"虚拟上校"、SK-Ⅱ的新代言人Yumi等。

虚拟品牌大使是数字人物商业化的最早产物之一。企业创建虚拟品牌大使的初衷是在社交平台上推广自己的品牌和产品。这是通过人形塑造和数字媒介而将商业品牌人性化的一种尝试。这些虚拟品牌大使的外表、生活方式及谈吐方式都是以企业的品牌价值为蓝本设计的。很显然，虚拟品牌大使已经成为各路商家在社交媒体上的全新代言人。这些虚拟形象不仅

能够帮助各类品牌触达消费者，还能通过一种新颖、接地气的方式传递品牌核心价值。以现实人物为原型创造虚拟角色非常容易，商家可以借助虚拟技术的力量，为不同产品创建各自的虚拟品牌大使，以针对不同的消费群体。

虚拟偶像代言是AI技术加持下广告营销的全新模式。在当前的广告营销领域中，流量明星虽然依靠粉丝为品牌带来巨大收益，但人设崩塌导致代言品牌受牵连的现象也层出不穷，虚拟偶像可操控的完美人设则显露出优势，而AI技术的不断发展也为虚拟偶像的迭代升级提供了技术保障。

（一）虚拟偶像具有可操控、可设计的完美形象

如今流量明星往往通过人设加深他们在受众心中的定位。就目前的娱乐圈而言，存在着丰富的人设，各种类型的人设与标签经过精心的运作，都能转化为流量。随着近几年社交媒体的爆发，流量明星与大众的互动越来越容易，人设的塑造也愈加容易，在互联网时代更加透明、更加直接的舆论环境中，流量明星的一切都暴露在公众眼前，极易造成人设崩塌。流量明星作为品牌代言人，自身的某些风险也会给品牌带来一定程度的不可预测的困扰和挑战，从以往负面事件中，品牌商也确实看到了流量明星代言存在着一些潜在问题。

人设不会崩塌、可控性非常高的虚拟偶像开始进入品牌商的眼中。虚拟偶像的额外增益之一，则是粉丝们对"不在场者"的崇拜。肯德基在自家的代言人接连爆出负面新闻后，品牌形象严重受损，之后便向竞争对手麦当劳学习，试水虚拟偶像洛天依代言。与流量明星存在不可预知性相比，品牌和虚拟偶像合作就简单得多，他们可以完全控制代言人的形象，使之与所代言品牌的品牌形象与产品理念相契合。虚拟偶像可以完美地满足粉丝的需求，甚至做出改变。虚拟偶像拥有的形象易于操控、人设更完美的优点，恰好解决了目前广告营销中因代言人自身形象问题造成所代言品牌

连带受损的问题。

（二）个性化互动与数据反馈促进偶像与粉丝共同成长

虚拟偶像最大的特点是，UGC（User Generated Content，用户生成内容）的方式使得偶像与粉丝之间产生了独特关联，这种互动性极强、养成系的模式能得到不少忠实用户。对品牌来说，代言人同消费者共同成长，不只是偶像养成的过程。虚拟偶像利用AI技术覆盖文本、语音、图像全领域，拥有识别和生成的双向能力，在互动中不仅能够更加了解用户，而且能对用户产生更深层次的影响。

SK-Ⅱ的代言人Yumi作为时尚博主，获得时尚资源，像一个普通网红一样和消费者进行互动，通过强化其时尚地位来实现"带货"目的，这其中易于掌控的代言人可以让品牌获得真实的营销数据，指导未来的营销政策制定。在同消费者互动所产生的数据获取和解读上，虚拟偶像代言人囊括了AI客服、品牌宣传大使、数据搜集者等众多功能，品牌利用人工智能技术，将冰冷的客服进化为代言人，将是针对"Z世代"消费者的重要改变。

（三）"元宇宙"虚拟代言为品牌注入科技感与未来感

虚拟偶像是AI技术发展的产物，是文本生成、语音合成、图像合成、数据挖掘等技术加持下的智能化虚拟形象，本身就带有很强的科技感与未来感。目前关注度较高的虚拟偶像往往有着姣好的面容、时尚的穿搭、鲜明的个性，与"Z世代"消费者的审美观念与消费主张相契合。虚拟偶像早已不再是仅仅在演唱会上蹦蹦跳跳的"明星"了，而是一个个与粉丝有着密切联系的"爱豆"（idol，偶像），代表着年轻用户对多元文化与时尚潮流的需求。选择虚拟偶像作为品牌代言，可以树立年轻、时尚的品牌形象与产品理念。而虚拟偶像所代表的虚拟与现实的融合，则充满着科技感与未来感。以虚拟偶像为中介，品牌传播在接触青年群体时塑造有趣、年轻、多样化的形象，传递品牌核心价值，在产品与消费者之间建立紧密联系，引起目标消费者的兴趣。

二、虚拟偶像代言的发展趋势

随着短视频的发展，中国的虚拟偶像也早已走出了初代"虚拟歌姬"的固有模式，开始更加趋向网红化、大众化的三次元运行模式，从单一的歌姬式虚拟偶像，到多路径互动式虚拟偶像，并逐渐朝着"人人皆可"式的方向发展，虚拟偶像的形态也逐渐变得多样化。

（一）虚拟偶像团体代言

虚拟偶像本质上是"IP+流量"，在未来，虚拟偶像仅有形象设计和常规内容产出不再能满足粉丝的需求，要想进一步扩大粉丝群体，虚拟偶像可能需要与知名IP合作，以矩阵化思维应对激烈竞争。在矩阵化思维的影响下，虚拟偶像不再是单人，而是一个偶像团体，这个偶像团体的成员有可能来自某个游戏、某部影视作品，也可能是人物设定空白新形象。他们正是由于各自的人设不同，因此可以像流量男团/女团一样进行系列化的代言工作，不同产品由与之更契合的各种虚拟偶像进行代言，从而触达更多的年轻消费者，而且消费者通过形象上高度契合的虚拟偶像更容易产生品牌联想。

在某综艺节目中，由腾讯《王者荣耀》打造的虚拟男子团体"无限王者团"在节目中进行了首次现场公演，一首成团单曲 *Wake Me Up* 让该团体吸引了不少人的目光。与此同时，在另一档综艺节目中，播出了由爱奇艺虚拟偶像厂牌 RiCH BOOM 成员所演绎的广告片。虚拟偶像作为近几年来的"新事物"，已经被大多数人所熟知，而这种虚拟偶像团体化的模式，也为虚拟偶像产业的商业化提供了新的思路。

（二）跨场景品牌植入

虚拟偶像的形象具有高度的可控性，品牌可以改变虚拟偶像的外观、设定、说话内容使之与品牌高度契合。在未来，品牌可以在场景上利用虚拟偶像进行跨场景的传播。一系列虚拟偶像会聚到一起产生高频互动，并以青年潮流文化场景进行传播。虚拟偶像可以跨越演唱会、短视频、电竞解说、秀场直播等多个场景，实现跨场景品牌代言。只要它带有品牌元素，就可以把品牌信息内容与媒介进行融合，带入观看短视频、电竞游戏、线上购物、观看直播等多元化场景中，深度触达消费者，达到大范围的品牌信息曝光，提高品牌知名度。这一点真人偶像的确无法做到。

虚拟偶像新变化带来的代言可能性，对于品牌来说正是一个新契机。在未来，随着受众消费能力的提升、宅文化的扩大、追星兴趣的流行，虚拟偶像作为二次元文化和粉丝文化的产物，将会受到越来越多年轻消费者的喜爱与消费。品牌利用好虚拟偶像的价值，就能创造出其代言价值。

虚拟偶像起源于二次元文化，从最初的虚拟歌姬到如今的跨次元虚拟偶像，虽然运营者一直不断进行着虚拟偶像形象的创新与突破，但其受众群体仍然集中在二次元文化爱好者中，要想得到更广泛群体的认可，还需要跨越亚文化圈层，打破用户边界，通过内容营销、网红化运作等模式，跨越圈层局限。

尽管相比于国外虚拟偶像的盛行，国内虚拟偶像的粉丝群体依旧停留在亚文化圈中，无论从规模还是影响力看，都还处于萌芽阶段，但趋势已经变得很明显，未来虚拟偶像在中国会有极大的商业潜力。

第十二章　电商品牌营销案例：拼多多的病毒式营销

第一节　案例摘要

2019年7月至"双11"期间，拼多多发起了一场名为"天天领现金"的活动。活动在"双11"前夕达到高潮，主要采用现金红包的形式吸引人们参与其中。用户想要获得现金奖励，就需要利用自己的社交网络拉入新用户。这一营销活动让拼多多App装机数迅猛增加，效果相当显著。不同于之前拼多多投放"洗脑神曲广告"的内容病毒营销，拼多多这次凭借"真金白银"利用用户的社会资本，再次实现"App人传人"口碑相传的病毒式营销。

第二节　案例介绍

拼多多"天天领现金"活动在2019年7月左右开始，在11月初推广起来。该活动同样是贯彻日常"砍价"的病毒社群营销理念，利用人们的社交网络和积极性，让电商平台拼多多像病毒一样传播和扩散，让更多的用户下载并使用拼多多App。不同的是，这次营销活动的吸引力更大，只要满足相关条件即可获得100元甚至更多的现金红包。活动的主要目的就是拉取更多还未成为拼多多用户的新用户，因此拼多多选择与中国最大的熟人社交平台微信进行深度合作，通过微信群和朋友圈进行信息传播，通过微信钱包实现现金提取。

"天天领现金"活动可以分为触发用户、用户参与、最终提现等三个阶段。

第一个阶段是触发用户阶段。为了使"天天领现金"活动触达新用户，活动选取了具有最大日活跃用户的微信作为信息传播渠道。该活动在拼多多App内并不明显，少量用户通过拼多多App参与活动，大多数用户是通过微信平台中熟人转发的活动求助信息了解到活动。魔性的文案、刷屏的朋友圈，活动通过强社交关系，触达更多用户。

新用户一旦答应他人请求，下载拼多多App并点开上述消息，实现对他人的助力，就很容易从第一个阶段进入第二个阶段成为参与者。第二个阶段是此次营销活动的主体，任务的设置符合福格行为模型，即行为者首先需要有进行此行为的动机和操作此行为的能力。拼多多会在最初赠送给新用户一个具有较大金额的红包（接近100元），告诉用户只要找人助力就可获得金额，一旦红包金额积累到100元便可提现。100元现金赋予了新用户参与活动的动机。最开始助力增长金额幅度较大，让用户觉得任务容易完成、自己拥有完成任务的能力，以便更好地吸引新用户加入游戏，减少用户流失。在快接近目标金额时，增长速度变慢，只有拉入新用户才会获得较大增长。部分人会选择放弃，但一部分人会因为十分接近目标而更加尽力拉入新用户。值得注意的是，红包还设置有时间限制，需要在规定的时间内完成提现，否则红包会自动消失。这样的设置让参与活动的用户更具紧迫感，更加"努力"地完成任务。

最终，如果参与者在第二个阶段将信息传递的范围足够大或拉到足够多的新用户，红包金额增加到100元时，参与者便可以立即提取100元现金，现金将通过微信钱包到达用户手中。第三个阶段是活动的高潮时刻，但对于此次营销活动来说并不是终点。参与者获得现金后，会对活动及其真实性进行宣传，通过其社交网络让更多人参与到活动中来。除此之外，参与者在第一轮提现之后，还能进入金额更大的200元红包提现活动，继续新一轮的任务，为拼多多拉入更多的新用户。第二轮之后还可以进入能够获得更高金额的第三轮。此次活动给予积极性高的用户充分的发挥空间，也就是说，拼多多此次营销活动会尽可能地获取参与者的人际关系资源。

这种病毒式的传播活动，也让拼多多的信息再次在微信界面中刷屏，登上微博、知乎、豆瓣等社交网络平台的热门，获得了更大流量。可见，拼多多"天天领现金"活动环环相扣，在活动的每一个阶段都尽可能把参与者留在活动中，实现营销目标。取得显著效果的同时，拼多多对此次活动的投入也是巨大的，报道显示，经粗略计算，拼多多对"天天领现金"营销活动至少补贴了60亿元以上人民币。可见，此次营销活动需要巨大的资金支持，并不能被简单地复制和模仿。

第三节　案例分析

一、抓住新青年用户心理动机，"鲶鱼效应"搅动市场

拼多多作为电商平台中的黑马，其病毒式营销一直是其他平台学习、模仿的对象。将电商平台放置于社交网络的土壤，也正是拼多多病毒营销得以成功的关键。这次"天天领现金"病毒营销事件再一次让人们看到这种"让大家告诉大家"的营销模式的威力，同时也对病毒营销的形式进行

了进一步拓展，几乎形成了一个"全要素病毒营销"的经典模板。美国知名电子商务顾问 Ralph F. Wilson（拉尔夫·F. 威尔逊）曾归纳出有效病毒营销的六项基本要素，分别是提供有价值的产品或服务、提供无须努力的向他人传递信息的方式、信息传递范围很容易从小向很大规模扩散、利用公众的积极性和行为、利用现有的通信网络、利用他人资源。他指出，一个有效的病毒式营销战略不一定要包含所有要素，但是，包含的要素越多，营销效果可能越好。拼多多这次的病毒营销便紧紧地抓住了这六点要素，无疑是成功的病毒式营销案例。"天天领现金"活动首先用100元现金红包让目标群体产生巨大兴趣，将目标客户的注意力吸引过来，这样的现金吸引加上游戏机制让参与者自觉且积极地向周围人传递活动信息。参与者通过现有最大的社交平台微信传递信息，利用自己的社会关系资源获得现金奖励。一位参与者能够将信息传递给几十人甚至上百人，信息传递规模从而迅速扩大，拼多多新增用户飞速增加。其中最重要的是现金红包的积累过程准确地抓住了用户的心理，勾起用户欲望，使用户能够自发挖掘自身的人际关系资源进行活动的发展。

"天天领现金"营销活动的主要目的是获得新用户，其营销策略本质上就是以部分利益转让来换取流量和新客户。此次营销活动效果十分显著，不仅使拼多多在"双11"期间获得巨大流量，还让拼多多App装机数迅猛增加，拉新效果显著。据拼多多发布的财报显示，2019年拼多多成交额达10066亿元，突破万亿，较上一年的4716亿元增长113%；全年营收301.4亿元，较上一年增长130%；2019年全年经营亏损为85亿元，非通用会计准则下，经营亏损为59亿元，虽然仍在亏损，但相对于此前亏损降低了33.8%，其中四季度营收增长了近四成。同时拼多多用户在单季度增加了4890万人，这一数字超越了京东的2760万人和阿里巴巴的1800万人。由此可见，拼多多收割了许多之前不被广大企业注意到的市场，发展出了新的营销经营策略，打破了原来淘宝、京东两家电商平台几乎垄断的局面，让电商平台市场更加具有活力。

二、病毒营销的成功体现了圈层社交类电商的发展趋势

"天天领现金"营销活动，通过社交网络实现裂变式传播，参与者既是活动目标对象也是活动推广者。活动借微信这一巨型社交软件发展的红利，利用大社交平台实现去中心化裂变传播，并触达更多用户。拼多多此次病毒营销无疑是社交电商营销模式的典型案例，再次印证了基于社交网络的病毒式营销的巨大影响力。

社交电商广告在此前已经成为电商广告蓝海，电商平台也在从传统电商平台向社交电商平台转型。《2019中国社交电商行业发展报告》就曾预计2020年社交电商市场规模占网络零售的比例将超过30%。除拼多多之外，淘宝、京东等老牌电商平台也在不断推出基于社交关系的营销方式和销售渠道，例如"聚划算"、淘宝"亲情号"等；小红书等新兴电商平台一出场就带有浓浓的社交电商属性。社交电商本质上是以用户的社交关系拓展助力电商平台的拓展。此次拼多多病毒营销活动也正体现了商家对社交电商发展的进一步探索，基于社交网络的病毒营销已成为电商广告发展的趋势。由此可见，社交电商平台存在广阔的发展探索空间，会吸引越来越多的商家入局。社交电商已经成为发展大势，未来也会出现更多基于社交关系的电商产品。

三、资金耗费大，用户存留问题亟待解决

此次病毒式营销确实为拼多多带来了巨大流量和大批新用户，但是这种以百元现金吸引用户的方式需要公司支出大额费用，只有资金充足的大公司

才可以开展,并不能成为所有企业均可效仿的营销活动。百元现金红包是注意力被吸引来的关键因素,倘若降低金额很有可能不会达到此次效果。

"天天领现金"营销活动过后,不少网友表示:"薅完拼多多的羊毛,就会删除拼多多App。"可见,新用户对于这种病毒式营销的兴趣来源于对活动形式的好奇,来源于可以当即兑现现金的快感,并不是源于拼多多平台本身的品牌吸引力。病毒式营销虽然带来了大量的新用户,但没有后续将新用户快速转化、吸引的措施来解决用户存留问题,不少用户在获得现金奖励之后就弃拼多多App而去,无法达到营销的真正目的,大大削弱了后续效果,这正是此次营销活动的不足之处。从数据来看,有报道显示,若将时间跨度拉长,拼多多的营收、GMV和年度活跃用户的增速也都在放缓。仅仅通过营销获得大量新用户是不够的,拼多多要想继续发展下去,如何增强用户存留量、增加新用户黏性是亟待解决的问题。

随着一次次成功的病毒营销,作为新兴电商平台的拼多多已经具有很高的知名度。但平台上产品的质量良莠不齐,用户对其品牌信任度一直不高,这也是很多新用户不愿意使用拼多多的原因。同时随着获客宣传成本的增加和同质化竞争的加剧,这种依靠大量现金投入的病毒营销并不能成为长久之计。

拼多多"天天领现金"活动能够激发用户欲望,准确抓住用户心理,通过社交平台迅速裂变、引流,让用户积极主动地付出时间和精力发掘自身社交资源以达到活动目的,营销效果显著。同时"人传人"的传播方式利于找到同质性阶层群体,便于拼多多找到符合其市场要求的目标群体,进一步吸收App真正的潜在用户。此次病毒式营销事件再一次为拼多多带来大量的新用户,体现了具有社交性质的营销活动蕴藏的强大动力,也预示了社交电商广告广阔的发展空间。电商平台面临着同质化竞争日益激烈、获客成本不断攀升的困境,亟待找到更高效、低价、黏性更强的营销渠道和方式,此次营销活动可以为电商平台的发展提供新思路。

第十三章 场景营销：虚拟现实AR场景"留言墙"

第一节 案例摘要

2019年11月，网易云音乐联合海底捞上线"小纸条"功能，设置虚拟留言墙，并于海底捞实体店内投屏互动，将AR技术赋能于场景化营销，创新AR营销、场景化营销。通过"线上+线下"的方式，网易云音乐和海底捞实现双赢，消费者获得社交、情感满足。随后，网易云音乐和奈雪的茶品牌合作，走进奈雪的茶线下实体店，一起玩转虚拟"小纸条"。在AR、LBS（Location Based Services，基于位置的服务）的技术赋能下，网易云音乐与海底捞、奈雪的茶的跨界合作，主抓年轻用户，满足情感需求，实现了"火锅社交""奶茶社交"等新型社交。

第二节 案例介绍

2019年11月初，网易云音乐联合海底捞首发"小纸条"功能，登陆全国101家门店，用户打开网易云音乐App，点击"扫一扫"，选择"AR小纸条"扫描，就能看到满墙的便笺纸留言，即可进入AR互动社区查看别人或分享自己的乐评小纸条。海底捞智慧餐厅还有360度投影乐评，此举将火锅与音乐结合打造出新型"火锅社交"。通过这种虚拟现实增强技术，用户可以在小纸条上留言，并贴在墙上，看到好的留言，还能点赞和评论，甚至还能在这面墙前拍照打卡。为了告诉用户怎么玩AR小纸条，网易云音乐还拍了几个特别有趣的剧情反转小视频，不仅为小纸条的出现提供了多个场景，通过通俗易懂的方式教大家怎么玩，而且把年轻人聚会、谈恋爱、健身与美食等热门场景进行了高度融合。此次网易云音乐的小纸条虚拟留言墙首发进入海底捞，通过创新的AR社交和场景营销触达更多线下用户，可基于地理位置唤起小纸条虚拟留言墙，进行UGC互动探索。目前，小纸条虚拟留言墙已经首发进入海底捞在北京、上海、广东、杭州、深圳等的101家门店，这是网易云音乐近年来拓展线下场景方面的又一重大进展。继海底捞之后，网易云音乐AR小纸条虚拟留言墙走进奈雪的茶全国270家门店，推出"美好音乐馆·我拿故事换杯茶"活动，消费者到店扫码即可通过"小纸条"搭配喜欢的歌曲贴在门店的虚拟社交空间，此次活动新增了网易云音乐和奈雪的茶向用户发放优惠券、奖励的玩法。网易云音乐还联动近期发布新歌的音乐人，一起玩转小纸条UGC互动探索。

第三节　案例分析

一、基本格局：云场景+XR技术[①]

（一）网易云场景营销"高手"

网易云音乐擅长跨界营销，也是场景营销打造的高手。场景营销是

---

① "XR"指 Extended Reality，即增强现实。

一场基于连接的营销革命，包括在消费者与消费者之间建立连接，在企业与消费者之间建立连接，在企业与其他企业之间建立连接，在消费者活动场景与企业产品或服务之间建立连接。从地铁车厢广告到快闪店，再到美妆店，网易云音乐一直在创新场景营销、跨界合作。同时，有人情味的音乐社区一直是网易云音乐的独特优势。网易云音乐主打UGC歌单和音乐社交，鼓励探索音乐、分享音乐，强调互动的重要性，分享、互动令越来越多冷门、小众的优质音乐进入用户的视野，提高用户的音乐品位，也有"听见好时光"这样的情怀Slogan（标语）。因此，基于用营销解决商家痛点、满足用户需求的营销理念，网易云音乐创造了很多优秀的跨界营销活动案例，"故事+场景+互动"的营销模式也延续至今并逐渐多样化。

（二）AR技术日益成熟

AR技术在营销中并不少见，最早是在H5[①]中，后来广泛用于App中，比如在前几年被电商品牌运用的AR红包。手机和其他可穿戴设备等移动终端的普及，也让AR技术被广泛应用，从几年前游戏 *Pokemon Go* 引发的全民捉妖，再到如今的拍照合成个人Cosplay形象，AR技术正在打破消费和娱乐边界。随着手机网速的极大提升，手机端的应用就可以对更加复杂的图像进行处理，AR技术也更加逼真，普及度也更高。然而，随着新鲜感的降低，AR技术逐渐淡出各类商品营销，不如前几年的热度高。

二、竞争升级：技术赋能+跨界合作+新青年用户市场活跃

（一）XR技术赋能场景化营销

场景营销屡见不鲜，AR技术日益成熟，市场对二者的运用都逐渐熟

---

① HTML5，是构建互联网内容的一种语言方式。

练。场景营销和AR技术都需要创新。网易云音乐将AR技术赋能于场景营销，推出"小纸条"功能，将这两个层面所需的创新融合在一起。小纸条虚拟留言墙中创新性地加入阅读、评论、点赞、分享等社交功能，方便人们在AR空间中交流美食、分享音乐。小纸条模式的创新为AR技术带来更多互动性，玩法更丰富也更具有温度，也是网易云音乐优质营销能力的体现。此外，由于小纸条虚拟留言墙主要分布于海底捞等位区及墙面区域，场景契合度高。网易云音乐在海底捞的场景至少有两个：一个是等位区，海底捞的等位区一直就很有特色，参考旅游景点设置留言墙的经验，海底捞、奈雪的茶等的等位区设置虚拟留言墙，使之成为一个年轻人打卡的新方式；另一个是就餐区，包括但不限于广州、深圳和北京等地区流行音乐餐厅，即在餐厅里请歌手现场演绎，网易云音乐据此在位于北京的海底捞首家智慧门店中，定制了环绕巨屏的乐评概念视频，静谧灵动的视觉效果加上网易云音乐的经典乐评内容，360度的环绕呈现，带给现场用户极为特别的视觉享受和用餐体验。

网易云音乐AR小纸条让情怀重现的同时，也扩大了网易云音乐产业的边界，激发了线下营销的潜力，从而拓展了更多商业合作的可能性。现在，网易云音乐主题酒店、网易云音乐主题咖啡店、网易云音乐AR小纸条等不同AR营销模式的呈现，都是网易云音乐积极探索线下营销场景的结果。从静态AR到动态AR，从海底捞到奈雪的茶，AR营销技术在创新发展，AR线下场景营销范围也在扩大。网易云音乐把音乐当成桥梁，连接着用户日常生活并深入各种生活场景，让AR营销在线下生根发芽，并逐渐成长壮大。

（二）跨界合作，互利共赢

在跨界合作方面，网易云音乐品牌势能足、创新能力强。网易财务报告显示，网易2019年二季度净收入为人民币187.69亿元（约合27.34亿美元），同比增长15.3%；净利润人民币30.714亿元（约合4.474亿美元）。网易云音乐用户总数已突破8亿，同比增长50%；其中付费有效会员数同比增长135%。与此同时，海底捞、奈雪的茶非常具有行业影响力，且用户覆盖面广，两大行业头部企业的强强联合实现了"一加一大于二"的营销效果。网易云音乐和海底捞、奈雪的茶等一拍即合，是对"线下+线上"场景营销的全新尝试，放大音乐社交之于线下场景的魔力。网易云音乐一直在做的事，就是以音乐为载体去搭建用户沟通的桥梁，这次在海底捞、奈雪的茶的探索，尤其是从线上向线下的探索，可谓跨越性的一步。

（三）定位市场：洞察新青年用户的社交需求，站在用户的角度讲故事

就海底捞的定位而言，2019年，海底捞单次人均消费为105元左右，而据媒体报道，2018年全国火锅人均消费为88元，海底捞用户消费能力明显更高。与此同时，海底捞还在2017年更新logo（标志）和整体形象设计，以更时尚化的面貌赢得年轻用户。海底捞也凭借微博和抖音两个平台，极大地激发了用户的创作热情，从抖音到小红书，再到微博和微信朋友圈，年轻人十分热衷于分享自己的动态和感受，海底捞利用年轻人的这一特质，赢得了更多年轻消费者。

在网易云音乐的市场定位中，从用户年龄层来看，"80后""90后"是各大在线音乐平台的绝对主力。其中，网易云音乐聚集了大量"95后"年轻用户，以高活跃用户占比和高TGI成为最受"Z世代"欢迎的娱乐App，备受校园用户的喜爱。结合移动观象台的分析显示，网易云音乐用户十分看重服务体验，用户付费意愿领先各大平台，对于大众品牌和时尚品牌的消费比重较高。2019年11月24日，"2019网易未来大会"之"未来新阶层专场论坛"在杭州国际博览中心举办。网易云音乐副总裁李茵在论坛上做了题为《如何抓住"95后"年轻人的心？——从音乐开始，重新认识"95

后"》的主题发言。读懂"95后"是判断未来的一条捷径,他们有什么特点? 李茵的主题发言来自对网易云音乐"95后"年轻用户的洞察,网易云音乐将主抓年轻用户市场。

由此可窥见,海底捞与网易云音乐有三个方面的共性,促进了双方的合作:平台理念类似、用户群体类似、消费倾向类似。极致的服务理念,为用户提供了心灵的归宿;用户年轻,大多数都是在城市中打拼的"80后"与"90后";消费倾向类似,更愿意付费享受中高端的服务体验。网易云音乐和海底捞都是年轻人非常喜爱的品牌,重现热门景区小店留言墙的场景,实际上也是网易云音乐基于LBS的互动社交探索,满足了年轻用户对于线下社交与分享的需求,这也非常符合网易云音乐本身的社区定位属性。

三、未来发展态势分析:5G技术与"元宇宙"

(一)5G技术+CR技术[①]

随着5G技术的发展,未来5G技术也会如同几年前的AR技术一样,赋能于更多产业。5G营销也将是重点。5G时代已经到来,这种AR小纸条的线下场景营销结合5G能带来更好的营销效果和用户互动效果,这也意味着网易云音乐AR营销将发挥更大的潜能,拉开新一轮线下场景营销的序幕。随着手机网速的极大提升,手机的应用就可以对更加复杂的图像进行处理,包括虚拟现实技术会更加逼真,网易云音乐重新启用AR技术,也是在这个大背景之下。一贯以优质营销案例来树立品牌的网易云音乐,实际上已经拉开了5G营销的序幕。

---

① "CR"指Computed Radiography,即计算机X线摄影术。

在2020年，虚拟现实增强技术会成为5G时代的一个主要营销手段，因为网速更快了，屏幕也可以更大，画面展现可以更加复杂，不局限在手机上，对场景营销的价值更大。

（二）场景营销未来将出现更多样化的线下场景营销形式

AR营销未来还将出现更多样化的线下场景营销形式，在商业空间合作、LBS商业合作甚至会员特权等方面创新玩法。在商业空间合作方面，AR营销可以有更多样的展现形式，凸显其营销价值。商家通过搭建具有特色的AR场景，适用于不同的线下场景，提高消费体验，促进消费升级；另外，AR场景适用于视频弹幕，可以打造AR场景下虚拟化的弹幕形式，即提供互动渠道，提高观影体验，又能解决弹幕遮屏的问题。在LBS商业合作方面，AR场景增加了很多用户与商家之间的创新玩法，拉近了消费者与商家的距离。AR与LBS结合能够很好地把线下场景和线上服务连接起来。例如，搭建一个小范围的AR商家地图，商家可以在AR场景下发放消费券、公告，用户通过AR场景精准获悉线下商家信息，让还原一个AR场景的大众点评成为可能。在会员特权方面，AR场景可以作为会员权益，为平台增加新颖的会员服务模式，提高服务的效率和质量。而平台通过差异化的服务能更大限度地盘活VIP（Very Important Person，高级会员）用户并实现精细化运营，也将开拓一种全新的商业模式。

未来技术与社会体验，前者作为底层技术为元宇宙奠定了基础性支撑，在可延展、可融合、可触达的三元架构之下，形成了新的"认识发生论"和以"交互导向"为主的场景入口；后者则从结构性搭建的视角重塑生态平台上的各个组成要素，其中数字化基建创造出高稀缺性空间价值，让产业互联网逐步过渡到"体验互联网"，并且为进入元宇宙的用户形塑出沉浸化、多模态的用户体验与自适应化的操作流程。基于此，在元宇宙中，虚拟化身与小纸条虚拟留言墙这类创新的运营模式，可实现用户、商户、平台三赢的局面。例如，可通过地理位置引导用户到店内消费，结合会员体系筛选优质留言，在留言墙中植入其他行业品牌优惠活动等，将创造更多的盈利空间、可能性与想象空间。